O Poder das Emoções

Vivian Dittmar

# O Poder das Emoções

Descobrindo a verdadeira
natureza e força das emoções

© Vivian Dittmar 2007

Tradução realizada a partir da versão estendida publicada em 2014, do original em alemão "Gefühle & Emotionen – Eine – Gebrauchsanweisung".

A obra integral e parcial é protegida por direitos autorais. Todos os direitos reservados, em especial o direito à cópia e distribuição, assim como tradução. Nenhum trecho da obra deve ser reproduzido, editado, distribuído ou salvo através de sistema eletrônico, seja por fotocópia, microfilme ou quaisquer outros procedimentos, sem a autorização prévia da editora.

ISBN 978-65-89138-17-4

COORDENAÇÃO EDITORIAL: Isabel Valle
TRADUÇÃO: Cristina Wittenstein
FOTO DA CAPA: Mark Harpur – Unsplash

> NOTA IMPORTANTE
> Este livro não substitui aconselhamento médico ou psicoterapêutico. É sugerido aos leitores assumirem a responsabilidade e decidirem por si próprios se e quando devem buscar orientação médica. A autora e a editora não assumem responsabilidade sobre danos, reais ou presumidos, pelo uso indevido do conteúdo deste livro.

A Bambual Editora expressa imensa gratidão a todas as pessoas que participaram da pré-venda da primeira edição deste livro no Brasil e, em especial, a Barbara Stützel, Ita Gabert, Ciara Gutiérrez Ascanio, Fabiana Faria Prudente e Paulo César Araújo, que apoiaram ativamente a publicação deste livro e a Vivian Dittmar pela imensa confiança neste processo.

www.bambualeditora.com.br
conexao@bambualeditora.com.br

Para meus filhos

# Sumário

| | |
|---|---|
| Prefácio para a nova edição | 13 |
| Prefácio para a edição brasileira – ITA GABERT | 15 |
| | |
| INTRODUÇÃO – O que é uma emoção? | 21 |
| | |
| PARTE I – As cinco forças | 25 |
| Quatro emoções e uma quinta | 28 |
| O que é uma força primordial? | 29 |
| | |
| 1 – Como surge a emoção? | 31 |
| Nós geramos as emoções | 32 |
| A relação entre pensamento e emoção | 32 |
| A máquina de vendas emocional | 35 |
| | |
| 2 – A raiva é uma força? | 37 |
| "Isto está errado!" | 37 |
| A raiva por uma perspectiva social | 38 |
| Raiva como força | 39 |
| Força boa, força ruim | 40 |
| Quando falta a força da raiva | 41 |
| Quando geramos raiva demais | 41 |

## 3 – A força da tristeza — 43

"Ah, que pena!" — 43
A tristeza por uma perspectiva social — 44
A força da tristeza — 44
Força boa, força ruim — 46
Quando falta a força da tristeza — 46
Quando criamos tristeza demais — 47

## 4 – A força do medo — 49

O medo por uma perspectiva social — 50
A essência oculta do medo — 50
"Meu Deus, isto é terrível!" — 51
O medo como força — 51
Força boa, força ruim — 54
Quando falta a força do medo — 54
Quando geramos medo demais — 55
Para além do medo — 57

## 5 – A força da alegria — 58

Alegria por uma perspectiva social — 58
"Isto é bom!" — 59
A alegria como força — 59
Força boa, força ruim — 60
Sem alegria, sem força — 61
Quando criamos muita alegria — 62
A possibilidade de alegria incondicional — 63

## 6 – Vergonha, a força da humildade — 65

"Eu sou um erro" — 66
Vergonha por uma perspectiva cultural e social — 66
Vergonha como força — 67
Força boa, força ruim — 69
Quando somos sem-vergonha — 69
Quando morremos de vergonha — 70

## 7 – A bússola das emoções — 73

As "emoções negativas" são prejudiciais? — 74

## PARTE 2 – O que bloqueia nossa habilidade emocional 77

Origens do desequilíbrio emocional 82

## 1 – Emoções anestesiadas 84

Quando já não conseguimos mais sentir 84
A história de Steven D. Green 85
Um caso isolado? 86

## 2 – Quando as emoções acumuladas se tornam um sentimento 88

Cuidado: resíduos tóxicos 89
O que precisa sair, tem de sair 89
Cuidado: risco de choque! 90
Nossa mochila emocional 91
Um esclarecimento importante 93

## 3 – Quando não geramos emoções 94

A lacuna no sistema 96

## 4 – Simplesmente expressar ao invés de reprimir 97

O mecanismo de feedback mental-emocional 98

## 5 – Emoções alienadas 100

Ao invés da raiva 101
Ao invés da tristeza 103
Ao invés do medo 106
Ao invés da alegria 107
Ao invés da vergonha 109

## 6 – Certezas absolutas 112

A história com o vizinho 113
O que faz uma boa história 116
A vida não é uma história 117
Sombra ao invés de força 118
Raiva: destruição ao invés de clareza 119
Tristeza: passividade ao invès de amor 120
Medo: desânimo ao invés de criação 121

| | |
|---|---|
| Alegria: ilusão ao invés de atração | 122 |
| Vergonha: autodestruição ao invés de auto-reflexão | 123 |

## PARTE 3 – Emoções vividas     127

### 1 – O que é o sentir?     131

| | |
|---|---|
| Emoções não são estímulos sensoriais | 132 |
| Observar não é sentir | 133 |
| Sentir é sentir | 135 |

### 2 – Podemos aprender a sentir     137

| | |
|---|---|
| Como podemos praticar sentir? | 138 |
| Sentir no dia a dia | 138 |
| Dois tipos de sentir | 141 |
| Percepção geral | 142 |
| Percepção focada | 142 |
| O segredo está na mistura | 142 |
| Selva adentro | 144 |

### 3 – Da dor física ao sentimento     147

| | |
|---|---|
| O sentimento por trás do sentimento | 148 |

### 4 – Do sentimento à emoção     150

| | |
|---|---|
| Reserve seu tempo | 151 |
| Dor emocional | 151 |
| Sofrimento emocional | 154 |
| Cuidado com as estratégias de evasão | 155 |
| Sinta, relaxe, respire | 156 |
| Encontrando o passado de novo | 157 |
| Identificar a emoção | 160 |

### 5 – Da emoção à força emocional     163

| | |
|---|---|
| O que diz a minha emoção? | 164 |
| Qual a motivação da minha emoção? | 165 |
| Verifique a interpretação | 168 |
| A força da raiva pergunta: o que quero? | 169 |
| A força da tristeza pergunta: do que preciso? | 170 |

A força do medo pergunta: qual o meu desejo? 171
A força da alegria pergunta: o que eu quero comemorar? 172
A força da vergonha pergunta: que tipo de pessoa desejo ser? 173
Estabelecer uma relação com a emoção 175
Permitir a força 182

6 – O objetivo é o caminho 183

APÊNDICE – Nem tudo o que se sente é uma emoção 185

Programação biológica 186
Como é acionada uma programação biológica? 186
Uma longa história 187
Uma antiga estratégia 188
Uma nova maneira de lidar 189
Cuidado com os estímulos 189
Carregar significa sentir 191

Habilidades ou Estados de Consciência 192
Por exemplo, o amor 192
O amor começa por uma decisão 194

Checklist emocional 195

Glossário 196

Índice dos Exercícios 199

Fontes Bibliográficas 200

Agradecimentos 201

# Prefácio para a nova edição

Quase sete anos se passaram desde que escrevi este prefácio. Desde então, muito aconteceu. O livro teve - quase que exclusivamente através de indicações - um sucesso surpreendente. Simplesmente não parou de vender. Inúmeras pessoas tomaram o seu tempo para me escrever e agradecer pelo livro.

Ouvi de muitas pessoas o quão útil o livro é, pela clareza oferecida e com que prazer ele é presenteado.

Tudo isso me encantou, é claro - ainda acho incrível que as pequenas letras que eu digito no meu computador possam em algum lugar abrir as comportas internas de outra pessoa. Recebi de outros autores este presente em minha vida e sei o quanto isso é precioso!

Ao mesmo tempo, o feedback positivo não me animou muito a querer revisar o manual. Se estava bom, então por que revisá-lo? Isso só teria me preocupado, eu poderia acabar estragando alguma coisa.

Só percebi que tinha chegado a hora de uma atualização, ao constatar o quanto minha amiga Chiara Jana Greber e eu tínhamos aprendido sobre o assunto naquele meio tempo. Esta certeza veio depois, durante a primavera, enquanto eu escrevia "Kleine Gefühlskunde für Eltern". Desde a publicação do livro, pesquisamos incansavelmente aqueles tópicos - cada uma por sua conta, com participantes em seminários, entre nossos amigos, nossas famílias, e também com os participantes em meus cursos de liderança. Naturalmente descobrimos muita coisa no processo! E é claro que o conhecimento adquirido também deve beneficiar os leitores do livro.

A partir daquele momento, foi tudo muito rápido. Sem postergar, adiei meu projeto de livro sobre os processos de amadurecimento em relacionamentos e criei espaço para revisar a nova edição. E eis que, menos de três meses depois, estou aqui sentada diante das primeiras provas da nova edição e aguardando ansiosamente o feedback dos leitores de teste.

Independentemente do que eles disserem - uma coisa já me deixa feliz: durante a revisão do livro, adquiri novos conhecimentos cruciais sobre a natureza das forças emocionais e como lidar com elas de forma construtiva. Muitas coisas clarificaram-se ainda mais e esta clareza me dá alegria: posso dirigir meus sentimentos ainda melhor e posso oferecer às pessoas que acompanho sinalizações ainda mais precisas. O melhor disso tudo você está segurando em suas mãos agora. Desejo-lhe muita alegria e uma boa viagem ao mundo de seus sentimentos e emoções.

VIVIAN DITTMAR
Tirol do Sul, agosto de 2014

# Prefácio para a edição brasileira

Cresci ouvindo da minha mãe: "O medo existe para ser superado!"

Mais tarde, se acrescentou de uns professores que as decisões tomadas por medo são desqualificadas desde o início. Isso me levou, entre outras coisas, a ter que escalar mastros de alta tensão altíssimos para me provar que eu era mais forte do que o meu medo de altura. Só me dei conta muitos anos depois – apesar do zumbido barulhento do campo elétrico – que eu estava me colocando em perigo real e que teria sido sábio ouvir meu medo. De qualquer maneira, o medo era algo absolutamente negativo e a ser evitado. Me surgiu em algum momento durante o confronto terapêutico, com meus ferimentos da alma, que outras emoções, chamadas negativas, como raiva e tristeza, também poderiam ter sua força. Mas o medo...?

Essa possibilidade só se revelou para mim quando li o livro sobre emoções e sentimentos de Vivian Dittmar. Que tesouro cada sentimento guarda quando seu lado lúcido é permitido brilhar, e que muitas vezes só temos em mente a caricatura, o lado sombrio, quando falamos de emoções. Até, como é sábio que os sentimentos não processados - Vivian chama isso de Mochila Emocional - ressurjam ocasionalmente e muitas vezes anos depois para serem curados. Só se torna difícil quando este é um processo inconsciente e, portanto, o poder de conexão dos sentimentos leva a ações separatistas, por exemplo, quando reajo exageradamente em um conflito, porque a situação atual de alguma forma me faz lembrar de dores do passado.

Para mim, livros como este tornam-se realmente relevantes quando os conhecimentos que adquiri ao estudar o assunto podem ser integrados na minha vida. Este é definitivamente o caso deste livro! Quando no dia a dia os conhecimentos estão à disposição e, me valendo deles, posso me observar melhor. Ao ser capaz de reconhecer o limiar entre emoções e sentimentos e assumir responsabilidade por eles, então a convivência com outras pessoas, e também comigo mesma, se torna, no mínimo, mais fácil.

E... também pode ser realmente divertido!

Quando através da auto-observação, o lado humorístico é permitido e, ainda assim, nada é tirado da profundidade da emoção.

Não faz muito tempo que "emocional" era quase um palavrão, e talvez estivéssemos confusos com os sentimentos que de repente surgiram dentro de nós, porque tínhamos poucas referências em nossa cultura para lidar com eles. Entretanto, pode ser confuso quantos modelos explicativos existem e quantas classificações e distinções sobre o que são emoções e o que são emoções mistas, o que emerge primariamente e o que nos apanha do passado... Tudo isto são tentativas de trazer algo multidimensional a uma bidimensionalidade para que nossas mentes possam seguir, pois nossa sociedade tem dificuldade de cultivar a multidimensionalidade e por isso nos falta prática nela. O livro de Vivian, e a Bússola das Emoções que é apresentada nele, nos dá uma boa orientação. Como é muito visual,

PREFÁCIO PARA A EDIÇÃO BRASILEIRA

gosto de usá-lo em meus próprios cursos sobre criação de comunidades e comunicação em grupos. É surpreendente como uma introdução à Bússola das Emoções ajuda a construir uma base com que os conflitos podem ser vistos de um nível diferente e com mais autoresponsabilidade.

Vejo isto como uma contribuição para uma nova cultura – seja na família, em ONGs, em associações, escolas, clínicas psicossomáticas ou também em empresas ou na criação de ecovilas e comunidades intencionais. Por toda parte estamos em contato com outras pessoas e também envolvidos em mal-entendidos. Precisamos urgentemente de mais clareza sobre o que se passa dentro de nós, a fim de olhar com mais amor e benevolência para os nossos próprios sentimentos e também os dos outros.

Como humanidade, demos saltos quânticos na tecnologia, especialmente nas últimas décadas, o que nos deu um tremendo poder sobre a Terra. O nosso desenvolvimento interior parece não ter acompanhado tal progresso. O que não conseguimos fazer foi desenvolver a maturidade interior para usar este poder PARA a vida e não CONTRA a vida. Este desenvolvimento interior inclui lidar numa forma madura com as nossas emoções.

Especialmente diante de crises graves como guerras, desastres naturais, o lockdown durante os acontecimentos do Coronavírus, um livro como este é tremendamente importante. Em momentos assim, somos especialmente chamados a cuidar das nossas emoções de modo a criar um fundamento interior para que possamos atuar construtivamente, independentemente de como olhamos a situação. Agimos uns contra os outros quando movidos por nossos medos ou podemos lembrar-nos de que somos muito mais do que as nossas convicções sobre como a crise surgiu e quais seriam as medidas corretas a tomar agora – como alguns dizem – que somos UMA "família humana"?

Independente como decidimos desenhar nossas vidas no futuro, não poderemos evitar lidar com nossas emoções. Conseguimos no passado nos distrair com muito sucesso da comunicação autêntica, dos processos interiores e do nosso propósito de vida com a ajuda de uma indústria de entretenimento altamente profissional que trabalha com todos os truques através de filmes, jogos de computador, redes sociais etc., mas isto provavelmente não funcionará mais no futuro. Por exemplo, a nova situação que virou tudo ponta cabeça durante o confinamento do Coronavírus, onde de repente tornaram-se possíveis coisas que pareciam completamente fora de questão, em apenas alguns dias, ilustra a interdependência e também o quanto o mundo está interligado hoje. É um chamado a despertar, uma grande oportunidade para olhar de novo para as nossas vidas e nossos hábitos. Quão flexíveis somos ao acompanhar a evolução das coisas, de cooperar com o novo e não nos mantermos presos à resistência e à resignação... Se a eletricidade falhar por algumas semanas e se a geladeira, a televisão ou a internet não funcionassem, isso nos causaria crises de abstinência ou poderíamos usar isso como uma oportunidade para revermos realmente a nossa interação com nossos semelhantes e com nossos processos internos? Precisamos primeiro de crises para criar este processo?

Nossa sociedade cultivou durante muito tempo a visão de que a autorealização é se perguntar "o que é que eu quero para mim?" Na minha percepção isto é um mal-entendido que contribui para o isolamento do indivíduo. Como seria minha autorealização se eu desse uma escuta profunda para aquilo que a minha alma se propôs a realizar? E que estou atento ao necessário do momento presente

PREFÁCIO PARA A EDIÇÃO BRASILEIRA

e me pergunto: "como posso contribuir?" Mas, esta contribuição precisa de uma base, precisa de habilidades. Ter uma base interior e manter a calma em situações críticas, porque conheço meus sentimentos e minhas emoções e não recuo diante do que vem à tona, certamente faz parte disso.

Existem também muitos outros instrumentos sociais como a Ecologia Profunda/O Trabalho Que Reconecta, a Comunicação Não-Violenta, o Possibility Management... que são melhor aprendidos em grupo. Por sermos seres sociais, precisamos dos outros para nos autoreconhecermos. Idealmente, posso fazer parte de um círculo que se reúne regularmente, onde praticamos conscientemente estes instrumentos sociais. Talvez possamos construir uma "orquestra". Alguns destes instrumentos também foram desenvolvidos em ecovilas/comunidades intencionais como o Fórum Brasil – Círculos de Confiança, onde nós nos acompanhamos mutuamente no processo de lidar com aquilo que é vivo em nós, as nossas emoções, os nossos sentimentos, as nossas "dores de crescimento".

Para nos tornarmos cada vez mais autorresponsáveis, seres humanos maduros e aptos para encarar a realidade de nossa situação no mundo de hoje e, apesar de todo o desespero, toda a dor, não enlouquecer, mas, despertar para o momento de poder contribuir com a nossa parte para a cura do mundo. No espírito de Václav Havel: "A esperança é uma orientação do espírito, uma orientação do coração. Esperança não é a convicção de que tudo vai acabar bem, mas a certeza de algo tem um sentido, independente do que acontecerá".

Conheci Vivian como uma oradora que me inspirou, também em seus workshops, e estou feliz por este livro estar agora também disponível em português. Na verdade, espero secretamente que este livro seja um sucesso e que mais de seus livros sobre relações sustentáveis, pensamento claro e prosperidade verdadeira sejam traduzidos. Todos são tópicos sobre os quais precisamos de orientação com a mesma urgência a fim de tomar decisões maduras e sábias que incluam também as próximas gerações.

ITA GABERT
Terapeuta Psico-corporal e Educadora*

---

\* Ita Gabert é mãe de uma filha, terapeuta psicocorporal e educadora. Se especializou em novas técnicas sociais para comunidades e grupos, além de ter trazido o Dragon Dreaming e o Fórum - Círculos de Confiança para o Brasil. De nacionalidade alemã, morou mais de 15 anos no Brasil e desde 2002, reside com 150 pessoas na Ecovila Sieben Linden trabalhando nos dois países, com foco no Brasil. É também embaixadora da GEN - Global Ecovillage Network e do CASA - Conselho de Assentamentos Sustentáveis da América Latina.

INTRODUÇÃO

# O que é uma emoção?

A palavra emoção é um termo muito vago. Surpreendentemente, é um termo que, embora seja usado com frequência, expressa muito pouco. Frases tais como: "Sinto que você está mentindo para mim" ou "Já não tenho mais sentimentos por você/ Já não sinto mais nada por você", significam coisas bastante distintas.

Os fenômenos que grosseiramente descrevemos como sendo uma emoção têm em comum apenas que eles, simplesmente, surgem. Eles não são o resultado de conclusões lógicas nem tampouco seguem regras pré-estabelecidas. Isso nos levou a usar o termo para expressar praticamente tudo, deformando a compreensão.

A maioria de nós presume que por detrás da palavra emoção se esconde uma selva misteriosa e impenetrável. A emoção é para nós uma terra estranha, de costumes bárbaros e cheia de perigos, uma terra da qual não queremos nos aproximar, muito menos, adentrar.

Com frequência a única coisa que as pessoas conseguem expressar emocionalmente é: "Eu me sinto mal" ou "Eu me sinto bem". Todo o resto se perde na inexplorada selva escura e profunda dentro de nós.

Se queremos descobrir as emoções como chaves para as nossas forças, não existe um atalho: precisamos olhar o termo de frente e analisar o que se esconde por detrás dele. O que queremos dizer quando dizemos emoção?

De que forma distinguimos os fenômenos irracionais que até hoje confortavelmente associamos a esta palavra?

## Fazer distinções traz clareza

Vamos esclarecer as coisas e dar uma boa olhada no termo, vamos adentrar um território novo. E como sempre ocorre quando exploramos um novo território, iremos usar termos novos, termos para diferenciar um fenômeno do outro.

As leis da selva são reveladas pela primeira vez somente àqueles que lá estiveram, ficaram um pouco mais e observaram com atenção. E assim, o que primeiro parecia ser um ambiente bárbaro e sem lei, revelou-se um habitat frágil, porém estável, regido por regras surpreendentemente claras.

É chegada a hora de olharmos para além da palavra emoção, fazer distinções. Precisamos escolher quais são os termos que melhor descrevem cada fenômeno. Caso contrário, nos comportamos como exploradores que utilizam o nome de um continente inteiro para nomear uma montanha. Isso pode até ser confortável, entretanto, gera muita confusão.

Identifiquei cinco grupos principais de sensações. Vamos dar uma olhada em cada um desses grupos. A lista nos dará um vislumbre sobre esses conceitos e da forma como os utilizamos. Em seguida, temos uma breve descrição sobre cada grupo para que identifiquemos as diferentes formas de sensações de maneira clara; ou seja, o que é uma emoção e o que não é.

## 1. Sensações físicas

Para as sensações físicas, contamos com os cinco sentidos – olfato, paladar, visão, tato e audição. A expressão sentir, no entanto, é normalmente limitada ao uso do tato. A dor física também não pode estar fora dessa lista. Mais para frente trataremos desse fenômeno com mais detalhes.

## 2. Programação biológica

Chamo de programação biológica toda uma acumulação de emoções originadas cuja origem é o nosso instinto animal – impulsos com a fome, sede, desejo sexual, ciúmes, ganância, inveja, sentimentos maternais, paixão, a base biológica do medo e a agressividade. A programação biológica, ou os instintos, podem desencadear no nosso sistema as sensações mais intensas – muitas vezes são ditames de nosso instinto animal, cujas preocupações são contrárias ao que consideramos social, moral e eticamente apropriados. Seu único intuito é assegurar nossa sobrevivência. Não cabe a eles nos transformar em pessoas alegres, tolerantes, compassivas ou aptas a nos relacionarmos. Eles devem nos manter vivos e garantir que nossa reprodução ocorra da maneira mais eficiente possível.

## 3. Emoções como competências sociais

Ao contrário da programação biológica, as emoções, que eu costumo chamar de emoções puras, têm a tarefa de nos tornar aptos a nos relacionar. Por tratar-se de forças sociais, esta é a sua principal tarefa. Desenvolveram-se após a programação biológica e, até certo ponto, são encontradas nos animais. As emoções são: a raiva, o medo, a tristeza, a alegria, a vergonha. Juntas elas formam a bússola emocional que permite nos comunicar adequadamente com todas as situações que nos deparamos. Elas são nossas ferramentas para que, como indivíduos, possamos nos relacionar com o mundo e com nossos semelhantes.

Distinguir as emoções da programação biológica – de acordo com suas diferentes funções – é de extrema importância para que possamos lidar com elas de forma adequada.

## 4. Sentimentos

Chamo de sentimentos todas aquelas emoções que foram reprimidas, acumuladas e não trabalhadas. Eles podem manifestar-se sozinhos – pura raiva, puro medo, pura tristeza ou pura vergonha – ou também combinados. A chamada dor emocional nos conduz de volta a uma grande quantidade de sentimentos represados. Sentimentos são emoções reprimidas e que, por isso, não foram utilizadas como forças.

> **Os cinco principais grupos de sensações:**
> 1. Sensações físicas
> 2. Programação biológica
> 3. Emoções como competências sociais
> 4. Sentimentos
> 5. Habilidades ou estados de consciência

## 5. Habilidades e Estados de Consciência

Chamo de habilidades o amor, a empatia, a aceitação e a confiança. A partir delas criamos, segundo a minha experiência, a habilidade de nos colocar em certos estados de consciência. Podemos desenvolver essas habilidades, se desejarmos.

O principal intuito deste livro é a pesquisa das emoções puras e dos sentimentos. A Parte I descreve as cinco emoções básicas, enquanto a Parte II examina como desequilíbrios e doenças se desenvolvem a nível emocional. A Parte III, mostra o passo-a-passo de como podemos curar esses desequilíbrios e começar a utilizar as emoções como forças em nossas vidas. A programação biológica assim como as habilidades ou estados de consciência serão discutidos no apêndice.

# PARTE I

## As cinco forças

Explorar as nossas emoções é uma aventura. A maioria das pessoas entra em territórios completamente novos. Sem nos darmos conta, fizemos desvios enormes antes de adentrar esses territórios. Estamos no meio da selva em nós! O que é mais excitante do que o medo, o que é mais perigoso que a raiva? Nada é mais gratificante do que a autêntica e profunda alegria e nada pode nos levar para tão fundo dentro de nós como a tristeza e o luto. Através da pesquisa de nossas emoções, descobrimos que é nessa terra estranha que se encontra o que buscamos há anos!

Para alguns pode ser o poder de decisão, dinamismo e clareza. Para outros seja talvez a criatividade, a alegria ou o pontapé inicial para realmente se sentir vivo. Para outros, ainda, pode-se abrir, onde menos se esperava, a porta para o seu coração. Entramos em contato com áreas desconhecidas dentro de nós, com nada mais do que um leve palpite e um sentimento vago de que estamos no rastro de algo importante. Isto requer coragem e vontade sincera de mudar alguma coisa.

Cada um de nós pode aprender, não apenas a lidar com as suas emoções, mas a explorá-las como forças internas. Mesmo aquelas chamadas emoções negativas não serão mais impedimento para o bem-estar e a felicidade e podem se manifestar como chaves para nos tornarmos verdadeiramente completos, passo a passo, aprenderemos a nos sentir mais intensamente e a vivermos mais plenamente.

Não é sobre sentir mais alegria e menos dor, e sim, de aprender a permitir-se sentir completamente cada sensação, transformá-la conscientemente e apreciar o processo. Sim! Apreciar – também o medo, também a raiva e, sim, também a tristeza.

Depois de identificados a localização, o sentido e o benefício de cada emoção, ela voltará a desempenhar sua função original. E o que combatemos durante tantos anos, vai se revelar, então, ser uma chave para o nosso próprio potencial.

De início isso pode soar como algo espantoso. Como é possível apreciar a emoção do medo? Como transformar essa dor que carregamos há meses, talvez até há anos, em uma força em nossa vida?

## Quatro emoções e uma quinta

Quando trata-se de emoções, ocorre algo semelhante aos elementos da natureza:

É comum falarmos de apenas quatro e raramente do quinto. Os quatro elementos: o fogo, a terra, a água e o ar, em geral, se distinguem do quinto – o éter – por serem tangíveis e materiais. As quatro emoções são a raiva, a tristeza, o medo e a alegria. Quando começamos a estudá-las individualmente, e mais tarde, analisamos suas origens, percebemos que exteriorizamos quatro dessas emoções.

Os quatro elementos – a terra, o fogo, o ar e a água – são, por sua vez, igualmente tangíveis e têm a sua emoção correspondente. Já a quinta emoção, a vergonha, se diferencia em princípio, pois é internalizada, o que ficará mais claro quando examinarmos a manifestação de cada uma separadamente.

PARTE I – As cinco forças

Por serem elas forças, as quatro, respectivamente, cinco emoções se diferenciam de outras sensações em nosso sistema. Isso significa que o que chamamos de emoção é, na realidade, a percepção de uma força que circula em nosso sistema, cujo sentido, utilidade e expressão adequadas, com muita frequência, desconhecemos.

As quatro, respectivamente, cinco emoções, são, na realidade, sinais de que uma força primária foi ativada em nosso sistema e cada uma delas tem uma função importante a cumprir. Toda emoção nos capacita a realizar determinadas ações vitais ou a lidar com processos psicológicos.

Nossa ignorância sobre a verdadeira natureza das emoções e sobre o fato de sermos nós que criamos essas forças primárias, causa enormes problemas em nossas vidas e sociedade. Quando tratamos as emoções como sendo um intrincado de reações irracionais, criamos uma desconexão entre nossos processos lógicos e aquilo que dita as nossas paixões. Somente através da exploração de cada emoção como sendo uma força é que podemos deixar o pensamento, a emoção e a ação fluírem em unidade e assim, direcioná-los conscientemente, dirigir nossas paixões, afetos, medos e conflitos.

## O que é uma força primordial?

Força primordial é uma expressão forte e não é por acaso que eu nomeei assim os impulsos e as atividades de nossa vida interior. Porque foi assim que eu as conheci: como forças primordiais. Na fúria de cada indivíduo reside o mesmo poder que no magma incandescente de uma erupção vulcânica ou a poderosa descarga de relâmpagos em uma nuvem trovejante.

A tristeza em nossos corações tem o mesmo poder purificador que a chuva em um dia fresco de outono ou como a imensidão do mar que incansavelmente recebe a sujeira de nossos rios. E da mesma maneira todos carregamos dentro de nós a força da alegria, que é tão vibrante quanto a brisa em um dia de verão. Ou então, a força do medo que tende a ser, como o tremor que a terra descarrega em um terremoto.

Estas são forças primordiais, iguais às que encontramos na natureza e como também ocorre conosco, em todos e cada um de nós. E assim como a natureza não pode prescindir sem uma dessas forças ou sem um de seus elementos, nós, humanos, sentimos falta de facetas de nosso ser quando não acessamos certos sentimentos ou forças dentro de nós. A raiva é uma força que, assim como o fogo e o magma, é necessária para a ordem natural do planeta. Precisamos de nossa capacidade para dizer "não", nossa capacidade de matar e deixar o velho para trás, para que o novo possa manifestar-se, para que a vida possa existir, da mesma forma que a corrente mortal da lava, se transforma, ao longo do tempo, em terras férteis com qualidades especiais. São como dois lados de uma mesma moeda, e, assim como não há um lado bom ou mal nas forças da natureza, logo, não podemos afirmar o mesmo a nosso respeito. Uma força é apenas uma força; não é nem boa nem má. Como a utilizamos é que determina o seu curso. Um raio pode causar enorme destruição, ainda assim, foi um raio que trouxe ao humano a primeira chama de fogo. Estes podem até ser exemplos simples, mas sinto que é importante termos isso em mente quando nos confrontarmos com a chama que nos causa muito mais dificuldades que o raio ou a lava: a nossa raiva.

> **As cinco emoções/elementos:**
> - Raiva - Fogo
> - Tristeza - Água
> - Medo - Terra
> - Alegria - Ar
> - Vergonha - Éter

# 1 – Como surge a emoção?

Uma emoção surge da interação entre pensamentos e ambiente. Uma emoção é a energia gerada pelo intercâmbio entre um sistema e o seu ambiente e através da qual torna-se ativa. Dependendo da situação que o sistema se confronta, é gerado um maior número de emoções úteis ou inúteis. Quem nunca sentiu a emoção errada na hora errada? Justo quando menos precisamos, o medo da plateia surge e ameaça estragar a entrevista de emprego? E o medo que antecede uma prova já fez os melhores alunos falharem. E quando a compostura significa tudo, coramos de vergonha ou lágrimas não solicitadas nos vêm aos olhos. A emoção errada na hora errada é um fenômeno que todos nós já vivenciamos. Por isso, não são poucos os que chegaram à óbvia conclusão: "Sentir? Não, obrigado." Melhor não sentir nada. A não ser, talvez… sim, a não ser, é claro, a alegria.

Para compreendermos o motivo pelo qual não sentimos mais alegria, uma vez que ansiamos tanto por ela, precisamos primeiro entender como são criadas as emoções e, respectivamente, como as geramos. Apenas depois de compreender isso, seremos capazes de captar a função de cada emoção, de cada força oculta. Então, se tornará evidente o motivo do nosso sistema não gerar apenas alegria e o motivo disso ser perfeito!

## Nós geramos as emoções

A maioria das pessoas não estão minimamente conscientes do fato de que gera suas próprias emoções. Elas as percebem como sensações caprichosas e irracionais, criadas nas profundezas misteriosas do subconsciente. De lá parecem surgir e nos atacar sem qualquer aviso e a qualquer momento, também em situações inoportunas.

Essa experiência é certamente um dos principais motivos pelo qual as emoções são frequentemente evitadas e não é raro considerarmos obstáculos à felicidade e ao sucesso. Paralisar de medo ao se aproximar de uma mulher bonita no bar, ser tomado pela raiva quando o sinal fica vermelho justamente na nossa vez de atravessar. Sentimos um nó de tristeza na garganta justo quando queremos festejar e a alegria, que tanto perseguimos, parece tão rara.

Parece ser, portanto, absurda a afirmação de que nós mesmos geramos as nossas emoções: quem criaria medo para si mesmo, se ele nos paralisa e deixa a nossa voz trêmula? Quem quer se enfurecer no sinal? Por que eu criaria essas emoções se eu também pudesse sentir alegria? E, acima de tudo, como posso gerar a alegria conscientemente se não conheço o caminho?

## A relação entre pensamento e emoção

A emoção surge através da interação entre o pensamento e o ambiente. Portanto, pensamento e emoção não são opostos, como muitas vezes presumimos e sim, são estabelecidos a partir da relação entre um e outro. Emoções refletem pensamentos à medida que são desencadeados através deles. Logo, a emoção baseia-se na interpretação que a minha mente faz do ambiente.

Vou exemplificar com uma situação que provavelmente todos conhecemos: combinei um encontro com uma amiga e ela não apareceu. As mais diferentes emoções podem surgir enquanto espero por ela. Se estou com raiva, triste, com medo, alegre ou envergonhado, depende da interpretação que minha mente escolher.

Eu poderia concluir que o atraso da minha amiga está *errado*. A partir desta interpretação, a raiva seria ativada no meu sistema e eu seria impelida a agir e a modificar alguma coisa. Eu poderia pegar o celular e ligar para a minha amiga. E caso eu não conseguisse falar com ela, eu poderia ligar para o seu marido na tentativa de obter alguma informação. Eu poderia acessar a internet para verificar se houve algum incidente nos transportes públicos, o que justificaria o seu atraso. Claro, eu poderia simplesmente pegar as minhas coisas e ir embora e, assim, declarar que meu tempo é valioso demais para ficar de braços cruzados esperando pela 'madame'. Sem hesitar, a força da raiva me daria clareza sobre que medidas possíveis eu poderia tomar.

Além disso, eu também poderia me decidir que é *uma pena* o fato da minha conhecida ter me deixado esperar. Eu ficaria triste. A tristeza se espalharia por todo o meu ser e eu seria obrigada a reconhecer que, naquele momento, não havia nada a ser feito. Teria sido tão bom nos encontrarmos! Já não nos vemos há tanto tempo e está quase na hora de eu ir embora. Mesmo que ela chegasse agora, não sobraria tempo para falar sobre tudo o que eu pretendia. A tristeza me faria aceitar esses fatos passivamente, sem intervir. Se eu quisesse, a tristeza poderia me levar também a presumir que não posso confiar nela.

Eu também poderia considerar *terrível* minha amiga não aparecer: será que aconteceu alguma coisa com ela? Eu sentiria medo, o que por sua vez, me faria admitir que algo estava fundamentalmente errado e que eu não teria o poder de fazer nada. Meu sistema estaria preparado para lidar com o incerto e o desconhecido.

Uma outra possibilidade de interpretar a mesma situação se-

> **As interpretações básicas de emoções:**
> - Raiva – "Isto está errado".
> - Tristeza – "É uma pena".
> - Medo – "Isto é terrível".
> - Alegria – "Isto é certo"
> - Vergonha – "Eu estou errado"

## Exercício 1 – Gerar emoções conscientemente

Comece com uma situação neutra, que não tenha nenhuma carga emocional para você. Pode ser um vaso de flores sobre uma mesa ou um transeunte na rua. Decidir conscientemente criar cada uma das emoções em relação a esta situação neutra, utilizando a interpretação correspondente. Para cada interpretação, escreva uma frase de acordo com o seguinte padrão:

1. É errado que... porque...
2. É uma pena que ...porque ...
3. É horrível que... porque ...
4. É bonito ou certo, que ... porque ...
5. ... significa que estou errado, porque ...

Seja criativo na criação de cada interpretação e coloque-se realmente na posição que lhe corresponde. Tome tempo suficiente para visualizar cada situação e busque realmente sentir cada emoção. Depois passe para a emoção seguinte.

---

ria: Que *bom* que minha amiga ainda não chegou! Desse modo, eu sentiria alegria. Que bom ter algum tempo para mim! A alegria me possibilitaria apreciar estar em um café após uma semana extenuante, beber um cappuccino e não pensar em nada em particular. Não preciso impressionar ninguém, fazer qualquer coisa e posso descansar um pouco. A ordem natural das coisas me deixaria feliz, sem querer alterá-la. Ou então, eu me alegraria porque, francamente, eu nem estava com tanta vontade de encontrar minha amiga. Ela é simpática, mas também é um pouco cansativa. A alegria me possibilitaria olhar com carinho para as minhas necessidades.

Uma outra interpretação ainda seria a de que a errada sou eu, o que geraria em mim a vergonha. A vergonha faria eu me questionar. Será que me enganei? Será que estou no café correto? Será que me esqueci de confirmar o encontro? Ou será que fiz alguma coisa para magoar ou ofender minha amiga? Através da vergonha eu posso olhar para mim mesma e observar se talvez o erro seja meu.

Emoções surgem a partir da interpretação que fazemos de nosso entorno. A interpretação escolhida define a forma que nos posicionaremos, que atitude tomaremos. A emoção tem a função natural de legitimar a nossa posição e nos apoiar a representá-la.

## A máquina de vendas emocional

A fim de ilustrar a conexão entre o pensamento e a emoção, vou usar a imagem de uma máquina de venda automática. Neste modelo de pensamento, há uma barra com botões rotulados na parte superior e na parte inferior existe uma saída de onde o produto correspondente é ejetado. A barra de botões superior neste caso representa nosso plano mental, os vários botões representam as interpretações: o errado, o mau, o terrível, o certo e o culpado, (eu estou errado). Se em uma situação qualquer interpreto que algo está *errado*, então a bebida selecionada ou a energia correspondente será, na melhor das hipóteses, a raiva. Preciso estar ciente de qual botão estou pressionando e, desde que os demais botões estejam devidamente rotulados e conectados às bebidas corretas, esta máquina de vendas funcionará bem.

Infelizmente, muitos de nós não estamos conscientes da conexão existente entre as interpretações do plano mental e as reações desencadeadas no nível emocional. Por isso, muitas vezes nos comportamos como pessoas que pressionam incansavelmente o botão da limonada de uma máquina de vendas de bebidas e assistem, desesperados, ao transbordamento do copo. Não nos damos conta que é a nossa própria mão que comanda a máquina, nem tampouco que estamos apertando o botão que gera a raiva, muito menos de percebemos a existência dos outros botões! Não percebemos que o surgimento da raiva em nosso sistema é precedido por uma interpretação muito específica – "Isto está errado". No momento em que nos damos conta de que nós fazemos a interpretação, é como se observássemos nosso próprio polegar pressionando o botão da limonada, ainda que o copo esteja transbordando! No entanto, para saber que botão apertar e quando utilizar cada força, preciso saber, primeiro, como as forças podem ser úteis individualmente - e como não.

# 2 – A raiva é uma força

Primeiro irei abordar a raiva, já que a expressão dessa força é inconfundível. Todos sabemos do que se trata. A raiva é vermelha, a raiva é como o fogo, a raiva é como uma carga concentrada em busca de expressão. A raiva é como o magma,

> • Interpretação: "Isto está errado"
> • Elemento: Fogo
> • Tarefa: Ação
> • Sombra: Destruição
> • Poder: Clareza

que é pressionado para fora da cratera, ou como um raio que é descarregado através das camadas de ar. A raiva é uma força que pode criar *e* igualmente destruir. A raiva é o poder de ação número um. Nosso corpo é inundado por adrenalina, o sistema inteiro fica em estado de prontidão para agir, são mobilizadas reservas de energia de dimensões desconhecidas. O impossível torna-se possível e o que é indesejável é varrido do caminho. Se permitirmos, a raiva é uma energia que pode nos atravessar como um raio.

### "Isto está errado!"

A raiva surge como reação à interpretação, "Isto está errado". Só serei capaz de chegar à conclusão de que "Isto está errado" quando eu fizer uma interpretação clara, já que, em um sentido absoluto, não existe o certo e o errado. Construir um anel rodoviário para uma determinada cidade está certo ou errado? Isso vai depender inteiramente da minha própria opinião. Se eu for um morador dessa cidade, provavelmente me perguntaria o motivo para esse retorno não ter sido construído antes. Como um ambientalista apaixonado é provável que eu veja a situação de forma diferente: "Não é certo construir mais uma estrada em uma área de florestas já devastadas!" Irei empregar a força da minha raiva para defender a minha causa e, dessa forma, lutar pelos direitos dos animais que após construção da nova estrada seriam impedidos de chegar até a sua principal fonte de água.

A raiva, portanto, não apenas influencia uma posição, mas chega ao ponto de defini-la. A posição escolhida não faz a menor diferença para a força da raiva. O crucial é ter escolhido uma posição clara e estar pronto para defendê-la. Isso é tudo.

## A raiva por uma perspectiva social

Percebo em nossa sociedade uma ambiguidade enorme em relação à raiva. Por um lado, valorizamos a agressividade de um gerente durante uma negociação, por outro julgamos ser um problema quando dois meninos brigam no pátio da escola. Se uma mulher sabe o que quer, isso é ótimo, por outro lado, se esta mesma mulher tem um acesso de raiva, ela é considerada masculinizada ou até histérica. A maioria das pessoas acha horrível a birra de uma criança de três anos, e, ao mesmo tempo, uma dose de persuasão já é esperada no jardim de infância. Isso significa: "Tudo bem se eu sentir raiva, contanto que seja de forma suave e gentil". Independentemente da cultura, a raiva é mais valorizada nos homens do que nas mulheres.

Também existem culturas onde se rejeita a raiva completamente, especialmente na Ásia. Deparar-se com alguém raivoso é um absoluto tabu. Uma vez decidido que a pessoa ou seu comportamento foi inadequado, ele passa a ser ignorado. A partir daí, qualquer comunicação com alguém assim, diferente do que é considerado apropriado, deve ser feita de forma muito discreta e habilidosa através de terceiros, ou mesmo sem palavras, através de sugestões discretas e até aleatórias.

## A raiva como força

É através da raiva que nos posicionamos. No momento em que decido que algo está errado, encontro clareza e defino o que é junto para mim. A raiva torna-se a força que me permite reconhecer esta posição e se for necessário, defendê-la.

Portanto a raiva é a força do discernimento a da clareza. Seu ardor me capacita a agir. Através dela, me protejo daqueles que ultrapassam os meus limites, defendo minhas necessidades. Através da força da raiva, atuo no mundo, influenciando-o, utilizando o meu senso de certo e errado.

Ao me posicionar, defino quem sou eu. Sou uma pessoa que acha correto falar pelas costas de um amigo, sem antes tentar esclarecer as coisas? Me oponho ao lixo jogado na rua porque os outros são preguiçosos demais para usar as latas de lixo? Sou alguém que não se importa com a exploração diária dos ecossistemas da Terra, a ponto de comprometer a sobrevivência de futuras gerações?

> Precisamos da força da raiva para...
> - dizer "não" claramente.
> - dizer "sim" claramente.
> - tomar decisões.
> - ter clareza.
> - ser explícito com os outros.
> - manter uma posição clara.
> - ser levado a sério
> - fazer as coisas acontecerem ou colocar um ponto final.
> - ser ativo.
> - ter objetivos claros.
> - saber o que queremos.
> - decidir quem somos.
> - estabelecer limites.

A força saudável da raiva permite que eu me posicione de uma forma clara e depois possa agir de acordo.

As pessoas que têm uma força da raiva saudável são levadas a sério pelos demais. Sabemos que as palavras são seguidas de ações. Pessoas que possuem a força de direcionar a raiva de forma positiva, são fortes aliados quando se trata de criar ou pôr fim a uma injustiça.

Não se trata apenas de grandes questões, aquelas que ameaçam o mundo. A força da raiva pode se manifestar em questões bem menores.

Se eu deixar um lápis cair no chão e interpretar o fato como errado, eu o pegarei do chão sentindo uma mini-dose de raiva. Ou quando vejo um fio de lã solto em meu casaco e arranco-o, sem hesitar, já que não gosto de fios soltos nos meus casacos de lã.

| raiva demais | agressivo colérico crítico frustrado | + |
|---|---|---|
| | RAIVA | |
| raiva insuficiente | ambíguo indeciso sem limites hesitante | − |

Quando aprendemos a perceber e a valorizar a força da raiva, mesmo nessas pequenas situações cotidianas, começamos a perceber que ela é muito mais do que a explosão colérica do meu colega de trabalho. A raiva é a força que viabiliza a ação.

## Força boa, força ruim

Se a força da raiva é boa ou má, certa ou errada, não está em discussão. A natureza dessas forças não é boa ou má. Isso pertence meramente à intenção que as dirige. E o fato é que precisamos dessa força tanto quanto precisamos de fogo e de eletricidade.

Mas todos nós sabemos que essa emoção pode se expressar de outras formas. Em sua expressão sombria, a raiva é destrutiva e dolorosa. O que determina se a raiva se apresenta como força ou o seu lado sombrio, se tornará mais claro na Parte II e na Parte III. Veremos que não depende da raiva em si, mas do que está por trás dela e da forma que é direcionada.

PARTE I – As cinco forças

## Quando falta a força da raiva

Não nos transformamos em seres humanos amorosos e serenos quando nos falta a força da raiva, mas, seremos, em maior ou menor grau, incapazes de agir. Nosso medo de não agradar alguém nos impede de tomar uma posição, não importa qual seja. Não nos damos conta de que tomar uma posição é importante. Se acontece algo que não nos convém, muitas vezes reagimos com tristeza. Para que não fiquemos completamente à mercê de nossa impotência, contamos com esquemas sutis de manipulação, nós nos fazemos de vítima para conseguirmos atender nossas necessidades.

Porque uma coisa é certa, enquanto estamos vivos, todos temos necessidades. Ao nos negarmos a tomar uma posição, estamos fugindo da responsabilidade que cabe a cada um de nós: defender-nos, tomarmos nosso lugar, cuidar de nós mesmos. Possuímos a potência da raiva para que possamos cuidar de nós mesmos, zelar por nosso território, sermos coerentes e, nesse processo, criarmos coisas. É para isso que ela serve

Se não somos capazes de dizer quando algo está errado, seremos incapazes também de reconhecer, do fundo do coração, quando algo estiver certo. E se não podemos realmente reconhecer algo como certo, não seremos felizes. Tudo se torna monótono, inexpressivo, sem autenticidade, e por medo do conflito, perdemos toda a vitalidade.

Ser intensamente simpáticos uns com os outros não exclui os conflitos, que passam a acontecer nas nossas costas. Perdemos a alegria vital de nos relacionar com nosso entorno. Tentamos escapar da dualidade das coisas e da própria vida!

## Quando geramos raiva demais

A geração excessiva da energia de raiva é, no mínimo, tão danosa quanto a recusa de gerá-la. Se eu me posicionar rápido demais e decidir que algo está errado, fico em um beco sem saída.

41

O colérico clássico não só não deixa pedra sobre pedra, como também se deixa levar por rompantes de raiva sobre coisas que simplesmente ele não pode modificar. A raiva, entretanto, é uma força cuja função principal é permitir a ação. Se eu interpretar como erradas as situações que, por definição, não posso mudar, isso levará, na melhor das hipóteses, à frustração. Na pior das hipóteses, a raiva encontrará alguma outra maneira para se expressar, uma outra válvula de escape - como a força do magma através da cratera de um vulcão. Coisas ou pessoas são arbitrariamente destruídas simplesmente pelo intuito de consumir a energia gerada.

A raiva não é a força ideal para lidar com situações sobre as quais não possuímos influência. Nós nos tornamos crianças teimosas, que julgam equivocadamente uma situação e suas próprias capacidades, e que sentem raiva em situações que não podem modificar o resultado. Situações que estão fora de nosso controle podem ser enfrentadas adequadamente com outras quatro interpretações possíveis: "Isso é uma pena", "Isso é terrível", "Isso está certo" ou "Estou errado". Cada uma destas interpretações gera a sua própria força em nosso sistema, e cada uma delas, por sua vez, tem sua função específica.

# 3 – A Força da Tristeza

A tristeza é como a água. Como os rios, que buscam seus caminhos sobre a superfície do planeta, e como os mares, que recebem todo esse fluxo. A tristeza nos ajuda a soltar e a nos entregarmos ao fluxo da vida. Ela nos purifica de tudo que está em nosso caminho – sejam conceitos, crenças, ilusões ou programações biológicas.

- Interpretação: "É uma pena"
- Elemento: água
- Tarefa: aceitação
- Sombra: passividade
- Poder: amor

A força da tristeza abre nossos corações para aquilo que não nos agrada e que ainda assim, não podemos modificar – como a morte, a separação de alguém que amamos ou situações cotidianas. A força da tristeza possui grande profundidade, amplitude e sabedoria. Podemos fluir, nos deixar levar, se nos permitirmos fazê-lo. Através da força contida na tristeza também podemos aceitar o que não atendeu às nossas expectativas.

**"Ah, que pena!"**

Eu gero tristeza através da interpretação *"Isso é uma pena"*. Assim como com a força da raiva, também preciso saber o que exatamente é *uma pena*. Portanto, eu preciso de uma interpretação. Mas, ao contrário da clareza da força da raiva saudável, que está comprometida com seus próprios objetivos, a tristeza envolve uma posição muito mais passiva. Sei o que desejo, no entanto, sei que ele não está a meu alcance neste momento.

A interpretação "É uma pena" já inclui a disposição de aceitar o que é, mesmo que seja diferente do que eu gostaria que fosse. Preciso definir uma intenção quando sinto tristeza, assim como acontece quando eu sinto raiva. Preciso de um posicionamento. Ao contrário da clareza do que nos traz a força de raiva saudável que nos direciona a seguir nossos próprios objetivos. Em relação à tristeza, isso exige uma abordagem muito mais suave. Embora eu saiba o que desejo, eu também sei que meu desejo não vai se realizar. A interpretação "É uma pena" já inclui, portanto, a disposição de aceitar o que é, mesmo que seja diferente do que eu gostaria que fosse.

## A tristeza por uma perspectiva social

Percebi que em nossa sociedade o sofrimento é classificado como um sentimento extremamente negativo. Quando alguém está triste, nós muitas vezes nos compadecemos ou minimizamos a dor.

Na melhor das hipóteses, lhe asseguramos que não passa de uma reação natural a um golpe do destino. Mas na maioria das vezes esta afirmação é acompanhada por um conciliatório "Vai passar.". Que existe valor real na própria tristeza e não apenas porque ela é transitória, é raramente reconhecida.

## A força da tristeza

É através da tristeza que nós aceitamos. Nós aceitamos aquilo que não podemos modificar, embora desejemos que fosse diferente.

Quando defino algo *"uma pena"*, demonstro que meu desejo não foi correspondido, entretanto, mantenho minha espada na bainha, já que não tenho o poder de alterar os fatos. Na tristeza, aceito o que é e ao mesmo tempo reconheço que meu desejo é diferente.

Assim, a tristeza é a força que abre meu coração para o amor. A tristeza me ajuda a superar a contradição entre o meu anseio e o que é. Quando somos envolvidos pela força da tristeza, nossos corações se tornam amplos.

A tristeza é a força do amor e da paz – em direção ao amor e à paz. Sua liquidez nos capacita a abandonarmos a resistência, nos entregarmos ao fluxo da vida e chegarmos a bom termo com o que é. Através da força da tristeza nasce uma profunda conexão co-nosco e com os outros. Admitimos nossos desejos e anseios, mas, sem lutarmos por eles.

> **Precisamos da força da tristeza para...**
> - Abrir nossos corações.
> - Amar
> - Aceitar
> - Abrir mão
> - Apreciar
> - Desistir de uma posição
> - Reconhecer nossa impotência
> - Reconhecer nossos desejos, assim como, aceitar os fatos
> - Cuidar de nós mesmos
> - Nos aprofundarmos
> - Desenvolver a sabedoria

Pessoas que atravessam um momento de tristeza de forma saudável são valorizadas pelos seus semelhantes, por seu calor, sabedoria, profundidade e capacidade de amar. Nós sabemos que aqui é permitido sermos quem somos e que o outro tem a capacidade de lidar com as suas dificuldades. Pessoas que possuem uma força da tristeza saudável podem nos ajudar a aceitar aqueles aspectos da vida que não podemos alterar.

A força da tristeza, assim como a força da raiva, pode ser usada para lidarmos com situações importantes, assim como com situações cotidianas. A morte de um ente querido desencadeia certamente o mais profundo processo de tristeza. Ao enfrentarmos o luto, também apreciamos tudo o que esta pessoa representou em nossas vidas.

Quando permitimos o processo de luto, nosso coração se abre para uma nova profundidade, aprende a conviver com fatos que antes o partiram. A força da tristeza também nos ajuda a aceitar que depois de planejar um dia na praia, abrimos as cortinas de manhã e descobrimos que está chovendo. Ou quando estamos prestes a nos sentar confortavelmente e, sem querer, derrubamos a última taça de um bom vinho tinto. A força da tristeza nos auxilia a reconhecer que temos um desejo e a aceitar, sem lutar, que agora as coisas são diferentes.

| | | |
|---|---|---|
| tristeza demais | passividade depressão inabilidade paralisia | + |
| — | TRISTEZA | — |
| tristeza insuficiente | superficialidade insensibilidade isolamento indiferença | − |

## Força boa, força ruim

Assim como acontece com a força da raiva, a força da tristeza é em si neutra. Questionar se isso é bom ou ruim, certo ou errado, é perguntar-se o mesmo sobre as marés, sobre as massas de água que inundam e alimentam as terras. Para alguns, uma benção, para outros, uma maldição. Uma vez tendo aprendido sobre a força da tristeza, podemos identificar claramente quando a água vai matar a nossa sede ou quando ameaça nos afogar.

Mas, da mesma maneira que a força da raiva, a tristeza também possui um lado sombrio. Podemos chafurdar passivamente e nos lamentar, depressivos, diante dos acontecimentos. E tal como com a raiva e qualquer outra força, isso não depende da dor em si, mas do seu impulso e da direção que damos, o que abordaremos com mais detalhes nas Partes II e III.

## Quando falta a força da tristeza

Quando não nos dispomos a encarar algo como "uma pena", perdemos a possibilidade fundamental de nos aprofundar, adquirirmos sabedoria e sentirmos amor verdadeiro. A relação com as pessoas à nossa volta e nosso meio torna-se superficial, com ca-

PARTE I – As cinco forças

racterísticas quase arbitrárias. Pessoas, situações e coisas tornam-se desnecessárias e substituíveis. Varremos do caminho qualquer coisa que nos desagrade, por não termos a capacidade de acolher algo de que não gostamos e de aceitar o que é. O contato mais profundo com o outro e com a vida está fadado ao fracasso, pois o natural é nos deparamos com coisas desagradáveis.

Fortalecemos em nós a desmotivação e a apatia, as coisas são então descartadas ou ignoradas. Sentimo-nos vazios, já que nada alegra o nosso coração. E quando algo está *correto,* ou seja, nos traz alegria, sabemos que isso logo mudará, se transformará em *uma pena,* já que a vida está em constante mudança. Nos resguardamos, e assim, evitamos também a alegria.

Nos resguardar da tristeza significa que devemos também nos resguardar da alegria. E mais uma vez, barganhamos com a vida, geralmente sem nos darmos conta de que 'jogamos fora o bebê com a água do banho'.

Pois já que nada pode ser *uma pena* e nada pode estar *errado,* é arriscado interpretar algo como *certo,* afinal de contas, não vai durar muito mesmo. Todos sabemos, de um modo ou de outro, que a única constante na vida é a mudança.

## Quando ficamos tristes demais

O outro extremo da tristeza também pode ser um problema. Se fico triste demais, acabo em um beco sem saída, assim como o colérico e seus ataques de raiva. O melancólico não diz que isso ou aquilo é uma *pena* – mas que o mundo inteiro é *uma pena.* E só quando do ele for capaz de cometer erros e assumir a sua responsabilidade é que ele poderá mudar a situação. O melancólico não entende que algo que é *"uma pena"* só terá significado se estiver entre os dois polos do *"certo"* e do *"errado".* Apenas quando estiver disposto a assumir a responsabilidade sobre as coisas *"erradas"* em sua vida,

47

através de suas próprias interpretações, é que ele poderá modificar qualquer situação.

Em geral, não é isso que o melancólico faz. Ele prefere chafurdar na água de suas próprias lágrimas e refletir sobre a invariável maldade do mundo, dos outros e possivelmente, de si mesmo, a buscar mudanças. Isso sim é *uma pena*, pois, ele não se permite ser criativo, ser ativo, ser alegre, ser vigoroso, ser impetuoso.

Ao invés disso, é provável que o melancólico sente-se no sofá e comece a chorar.

Por exemplo, se o melancólico efetuar um saque do limite do cheque especial e interpretar que isso é *"uma pena"*, isso não levará a lugar nenhum. Este até pode ser um exemplo óbvio, mas com frequência é exatamente isso que sentimos: ao ver os números vermelhos no extrato ficamos tristes ao invés de zangados, nós nos resignamos ao invés de agir. Nos resignamos diante da situação, já que não podemos mudá-la. E se formos bem honestos, não queremos solucionar o problema, queremos é que outra pessoa resolva por nós. Somos imaturos.

A conta no negativo é um bom exemplo para o modo de como age a próxima força que vamos abordar aqui. Pois, quando me confronto com uma situação que julgo estar errada e que não posso modificar, mas, tampouco aceito suas consequências indesejáveis, então, a reação é: *"Isso é terrível"*. E a força gerada é o medo.

# 4 – A força do medo

O medo é possivelmente a emoção que mais evitamos. Estresse, nervoso, agitação e distúrbios do sono são algumas das manifestações de nossa relação conflituosa com o medo. O medo é uma emoção que não desejamos sentir. O medo representa um limite, uma restrição, o medo significa que não sabemos como continuar.

- Interpretação: "Isto é terrível"
- Elemento: Terra
- Tarefa: Criatividade
- Sombra: paralisia
- Poder: Criação

O medo é representado pelo elemento terra. Surge à nossa frente como uma muralha de pedras ou uma montanha que diz: Sem saída!

O medo é uma força sombria e misteriosa que se dissipa quando nós nos rendemos a ela.

O medo é como a morte. Através dele morremos para renascer, assim nosso corpo é digerido pela terra para renascer através dela. Não sabemos sob qual forma, tampouco temos controle sobre isso. Assim como a morte, o medo é o limiar que separa o conhecido do desconhecido.

E o medo pode ser a oportunidade de que precisamos para ultrapassar essa linha. Quando não podemos modificar nem aceitar uma coisa e permitimos que algo novo aconteça, podemos mudar nosso jeito de ser. A energia nunca se perde, apenas se transforma.

O medo é a energia que nos leva para além de nossa forma atual, nos leva ao ventre misterioso da criatividade, de onde podemos renascer.

## O medo segundo uma perspectiva social

Uma grande parte de nossa sociedade é construída de maneira a se evitar o medo. Do seguro de saúde ao contrato de aluguel, o sistema legal ou o casamento, as regras de segurança ou os sistemas de previdência social. O principal objetivo de tudo isso é nos fazer sentir seguros. Deve assegurar que o medo seja acalmado, domado – sim, que esteja, de fato, sob controle. Se exageramos um pouco, podemos afirmar que a nossa civilização é inteiramente composta de um único sistema de prevenção ao medo.

É ainda mais espantoso, o fato do medo ser um problema enorme em nossa sociedade. Medos existenciais, medos de reprovação, medos de exames, medos de abandono – para citar apenas alguns – parecem aumentar ano após ano. Ao passo que nossos sistemas de segurança estejam se sofisticando cada vez mais, na tentativa de efetivamente nos distanciar de nossos medos. Ao que parece, quanto mais seguros, mais receio sentimos.

## A essência oculta do medo

O medo é um sinal para o desconhecido. Se o medo fosse apenas um sinal de perigo, ele diminuiria diante da crescente rede de proteção que construímos. Segundo os folhetos brilhantes de muitas companhias de seguros, viveríamos sem medo. Pegue o seguro por invalidez combinado com seguro de vida e ainda uma pitada de seguro de responsabilidade por terceiros – e é, claro, nada poderá me atingir!

Aumentar a proteção pode reduzir o risco em minha vida, mas não me protege contra o desconhecido. Pelo contrário, quanto mais me protejo, mais eu me limito, ampliando assim o reino do desconhecido – e, portanto, o reino do medo.

> **Precisamos da força do medo para...**
> - sermos criativos
> - encontrarmos saídas e soluções quando não sabemos como agir
> - encontrarmos nosso propósito na vida
> - realmente viver
> - sermos capazes de amar incondicionalmente
> - experimentar a aventura
> - abraçar o desconhecido
> - abrir-nos para os mistérios
> - cruzar fronteiras
> - crescermos e ir além de nós mesmos
> - nos desenvolvermos

Se não estivermos dispostos a confrontar algo *terrível* além do nosso próprio medo, ficaremos presos às limitações do mundo como o conhecemos. Seremos como navegadores europeus antes das viagens de Colombo. O seu raio de navegação era severamente limitado por suas crenças e sua ignorância sobre o que existiria além. Depois de ter passado tanto tempo, Colombo ainda é considerado um herói, apesar de seus muitos erros e delitos cometidos. Ele teve a coragem de enfrentar seu medo e navegar para além dos limites do conhecido na época, em direção ao desconhecido.

### "Meu Deus, isto é terrível!"

Eu sinto medo quando digo que *"Isso é terrível"*. Interpreto ser *terrível,* aquelas coisas com as quais não sei como conviver. Quando não sei como serei capaz de enfrentar uma situação. Nesse sentido, dizer que algo é *terrível* difere claramente de quando interpreto algo como *errado* ou *uma pena*. Quando algo está *errado*, isso significa que posso fazer algo a respeito, ao passo que quando digo que algo é *uma pena*, isso significa que posso ou devo aceitar. Contudo, quando não consigo aceitar e não possuo os meios para modificar, digo que isso é *terrível*.

### O medo como uma força

Nos surpreende tratar o medo como uma força, já que geralmente consideramos essa emoção terrível. Se o medo fosse realmente uma força, teríamos que ser o Super-Homem, tamanho é o medo que carregamos. Por que o medo nos paralisa afinal? Por que é tão raramente experimentado como a força mágica que é por sua própria natureza?

O medo nos coloca limites. Olhar para o medo significa sair do território conhecido. Objetivamente falando, o medo é a síntese da excitação e da aventura. No entanto, perdemos nosso apreço pelo desconhecido. Nossa necessidade natural do novo e do desconhecido tem sido sucessivamente encoberta por ilusões de segurança e compensado através do consumismo.

Gregory Berns, pesquisador do cérebro, professor de psiquiatria e cientista do comportamento da Universidade Emory em Atlanta, EUA, analisa em seu livro, "Satisfação - porque somente as novidades nos trazem alegria", o que nos satisfaz. Conclusão: somente o novo realmente nos satisfaz. Em seu livro, ele descreve que a dopamina, um neurotransmissor, é liberado quando encontramos algo novo. Dependendo se esta novidade se mostra ameaçadora para nós, ou não, a substância possibilita a reação de luta e fuga, ou desencadeia a felicidade espontânea e a satisfação a longo prazo.

Visto sob este ângulo, é fácil entender que quanto mais nos protegemos, mais insatisfeitos ficamos e menos preparados estaremos para enfrentar uma situação que nos ameaça. Queremos aventura, mas, só se for em ambiente controlado. Queremos vivenciar o desconhecido, mas, só se pudermos garantir previamente de que iremos gostar. Nossa relação distorcida com o medo nos impede de experimentar o verdadeiro prazer. A força contida no medo nos possibilita vivenciar a satisfação a cada momento, até mesmo através da imprevisibilidade das pequenas coisas.

A maioria das pessoas não conhece a força do medo. Conhecem apenas as estratégias de defesa de um sistema que quer, a todo custo, evitar o medo. Os músculos se contraem, prendemos o ar e sentimos uma sensação de paralisia se espalhando pelo corpo. Isso pode ser chamado de força?

Sim, pode, mas para experimentarmos a essência desta força precisamos da coragem e do desejo de adentrar reinos desconhecidos, apesar do nosso medo, sem podermos prever o que vai acontecer. Passamos então a experimentar uma força explosiva que rompe antigas barreiras. Nós a experimentamos como uma corrente que não só nos permite perceber o limiar para o desconhecido, mas também nos transporta para além desse limiar para um território novo. Dessa forma saímos da nossa zona de conforto, ampliando nosso raio e nosso escopo de ação.

São reveladas possibilidades que antes estavam ocultas, que não conhecíamos. Crescemos com essas possibilidades e nos desenvolvemos mais do que através de nenhuma outra força. E também precisamos do medo para amar incondicionalmente: – O que esperar de outra pessoa amanhã? Se eu tiver uma boa relação com a força do medo dentro de mim, eu estarei muito mais apto a enfrentar seja lá o que se apresentar.

Assim como a raiva e a tristeza, o medo ou a ansiedade surgem tanto em situações graves quanto banais. O medo é a inquietação que sinto ao me aproximar de um estranho na rua para pedir orientações. Qual será a sua reação? Que tipo de pessoa será que é? Aquela ansiedade em subir ao palco antes de uma grande apresentação também é o medo, onde cada célula do meu corpo parece vibrar e tudo em mim é pura concentração. O que vai acontecer quando eu subir ao palco? Quem são essas pessoas que me observam da plateia?

Qual será a reação deles diante daquilo que irei compartilhar? O medo também entra em ação quando estou diante de grandes interrogações: Como irei pagar o aluguel no final do mês? Qual será o resultado do exame, o que acontecerá depois? E, é claro, o encontro com o gigantesco mistério que todos nós enfrentaremos mais cedo ou mais tarde – a morte. O que nos espera? Será que tudo termina? Será que minhas crenças sobre a morte são verdadeiras? Será que morrer causa dor? A força contida no medo nos ajuda a lidar com todas essas situações, a enfrentá-las. Ele nos guia até o limiar do que nos espera além.

## Força boa, força ruim

O medo também é uma força em potencial, não é boa nem má. Como qualquer outra força, pode nos servir ou nos prejudicar, dependendo de sabermos utilizá-la ou não. Em sua expressão mais sombria, o medo é paralisante. Em vez de nos levar para além dos limites do desconhecido, faz com que o sangue congele em nossas veias e despojados de qualquer vivacidade. Se usamos o medo a nosso favor ou permanecemos presos em suas garras sombrias, dependerá do ímpeto e direção dados às outras emoções, o que veremos mais tarde.

## Quando falta a força do medo

Os efeitos extremos da carência da energia do medo são percebidos em pessoas que não só não possuem a disposição para senti-lo, mas também naquelas que não têm a capacidade orgânica de sentir o medo. Antonio Damasio, um neurobiólogo de renome mundial especialista em pesquisa das emoções, há anos estuda o fenômeno sobre como os danos em certas áreas do cérebro podem resultar na perda da capacidade de gerar diversas emoções. Por exemplo: se uma parte do sistema límbico, a chamada amígdala, foi danificada por um tumor, isso pode resultar na incapacidade da pessoa sentir medo. Enquanto não encontra dificuldade com as outras emoções, como a alegria ou a tristeza, não consegue sequer reconhecer a expressão de medo no rosto de outras pessoas.

A seguir, Damasio descreve as dificuldades de viver sem sentir medo:

PARTE I – As cinco forças

Uma de minhas pacientes é inteligente e discreta em seu dia a dia. Mas, ela é incapaz de sentir medo. Ela tem facilidade em socializar, mesmo com os homens. Mas, não sente nenhuma desconfiança. Ao invés de aprender com as suas experiências anteriores, sente-se novamente atraída por homens de caráter duvidoso. Consequentemente, a inexistência do medo, causa grandes problemas em sua vida social.

Se nos recusamos a sentir medo, não por causa de um déficit orgânico, mas porque nos recusamos a gerá-lo ou a senti-lo, não teremos uma percepção real de nossos limites. Nós nos entregamos a fantasias de onipotência ou fingimos que tudo está sempre bem. Nos julgamos invulneráveis e não percebemos os sinais em nós que dizem: "Já chega, basta, desse ponto você não pode ultrapassar, isso já é demais para você".

Quando exteriorizadas, as emoções de alegria, de segurança, de tranquilidade e de autoconfiança, carecem de veracidade e autenticidade. Possuem um sabor insípido, como a beleza sintética de uma boneca Barbie ou a onipotência de Rambo. Acima de tudo, nos falta a vitalidade que nos permita crescer, ser criativos. Se nada nos parece sem esperança ou *terrível* ou insolúvel, não existirá o impulso para mudarmos. Como nos definimos não mudará porque não é afetado pelo nosso ambiente. Permanecemos estagnados e, como a paciente de Damasio, não temos oportunidade de aprender com nossos erros.

## Quando geramos medo demais

Quando nos recusamos a sentir medo, simplesmente mascaramos nossas limitações naturais, fingindo que elas não existem. Com frequência somos dolorosamente conscientes da existência desses limites, mas evitamos a todo custo confrontá-los. Sentir medo do medo é, neste caso, uma estratégia de defesa muito comum. Diante dessa barreira natural, é construída uma segunda barreira, falsa, que é chamada de medo do medo ou também temor diante das expectativas. O tempo todo se teme alguma coisa, mas o temor não diz respeito à interpretação, mas ao medo em si. Mesmo que se interprete repetidamente as coisas como terríveis, essas interpretações estão relacionadas somente ao próprio medo. O que está oculto por trás desse segundo medo é exatamente isso: oculto. Não nos permitimos lidar. Não acessamos o que originalmente nos assustou, o desconhecido. Existe a contínua incompreensão que poderia ser descrita, grosso modo, como "É horrível porque é horrível". Entramos em um modo automático, onde o medo é perpetuado, desconectado do que de fato é, todo o sistema fica superaquecido.

Este mecanismo, o medo do medo, aumenta frequentemente ao longo de muitos anos, por vezes até ao ponto de termos nossa vida determinada por ele. Para quebrar esse ciclo, precisamos estar cientes de que o medo é desencadeado pelo desconhecido. Portanto, o medo do medo surge porque a força contida no medo é desconhecida para nós. Quando estamos atados ao medo e o medo governa toda a nossa vida, é comum pensar que estamos familiarizados com o medo. Mas só conhecemos as estratégias de evasão de nosso sistema, não o medo em si. O medo em si é desconhecido para nós. Ele permaneceu oculto, principalmente graças aos nossos sempre crescentes esforços para escapar dele.

Não podemos escapar ao medo do medo, porque o próprio ato de tentar, cria outro medo: o medo do medo do medo. Para quebrar o ciclo, temos de fazer uma pausa e conscientemente ir de encontro ao medo – o próprio medo ou o medo do medo ou mesmo o medo do medo do medo. É sempre a mesma força

| medo demais | encurralado nervoso estressado assustado | + |
|---|---|---|
| | MEDO | |
| medo insuficiente | inatacável inautêntico sempre de bom humor intocável | − |

que convida a experimentar coisas novas e a nos colocar em contato com o desconhecido. Portanto, é importante reconhecer que não sabemos do que estamos fugindo. E é importante também nos abrirmos para a possibilidade de que é a fuga que nos desgasta, e não o medo em si.

## Para além do medo

O nosso medo convida-nos a ultrapassar os limites do conhecido, a entrar num novo território e a empreender uma viagem cujo rumo desconhecemos. É justamente a força do medo que nos dá esse acesso. Quando nos sentimos desconfortáveis com essa força, ela nos manterá sob controle através do inconsciente. Somente quando estamos dispostos a deixar agir essa força e envolvermo-nos com ela é que temos a chance de superar nossas limitações.

E então podemos perceber que tudo está como deve estar, incluindo o nosso medo. Nos abrimos, então, para a possibilidade de sentir alegria incondicional.

# 5 – A força da alegria

A alegria é representada pelo elemento ar. Como borboletas no estômago e febre primaveril no peito, ela nos faz saltar no ar e, até mesmo, perder o chão debaixo dos nossos pés. A alegria nos faz sem-

> • Interpretação: "Isso é bom"
> • Elemento: Ar
> • Tarefa: Apreciação
> • Sombra: Ilusão
> • Poder: Atração

pre alcançar novas alturas – sem ela, os nossos pés ficam pesados como o chumbo, como se tivessem fundido em cimento. A alegria é a força que nos faz brilhar e ressalta o nosso melhor lado. A alegria nos torna atraentes para os outros e, portanto, nos confere o poder e o carisma para liderar outros com uma autoridade natural.

## A alegria por uma perspectiva social

Quando se trata de alegria, não é preciso ponderar e estudar muito para perceber o status de estrela entre as emoções que ela tem para nós. A alegria é simplesmente fantástica! É a única emoção que independente do contexto social é considerada uma unanimidade. Se alguém diz *"estou bem"*, isso quase sempre se refere a uma certa alegria, e quando alguém nos diz *"estou feliz por ver você"*, isso é quase um sinônimo de que a pessoa gosta de nós.

Por isso são tão chocantes as fotos como a da jovem soldada americana que aparece sorrindo alegremente diante do preso iraquiano torturado e morto na prisão Abu Ghraib em Bagdá. A imagem rodou o mundo e nos chocou. Os olhos dela brilham, a sua alegria é genuína e o polegar triunfantemente erguido é inequívoco: ela está feliz, porque claramente sente que o que aconteceu está certo!

## "Isto é bom!"

Costumo dizer que *"Isto está certo"* é a principal afirmação que dá origem a alegria, embora, nesse caso, também gosto de dizer *"Isto é bom"*. O que experimentamos, julgamos, sentimos ou percebemos como correto, desencadeia alegria em nós. Da mesma forma quando sentimos que algo é bom.

Embora soe óbvio e quase simplista, isso gera um impacto forte na própria essência dessa emoção que muitas vezes associamos com a síntese do positivo. Significa, então, que enquanto um sente alegria em trocar a fralda do seu bebê, outro sente alegria em torturar seu inimigo. Ambos percebem como corretas as suas ações – o primeiro se deve principalmente à programação biológica, o outro devido a certas doutrinas ou crenças sociais.

## A alegria como força

É através da alegria que celebramos a vida. Fortalecemos aquilo que representa os nossos anseios. Afinal, quando digo que algo está certo ou é bonito, afirmo que aquilo me agrada. Através da força da alegria, reforço e valorizo as minhas preferências, na minha vida e no mundo todo. A alegria é o poder da apreciação e da celebração. Sua leveza me permite ser otimista e perceber a beleza no mundo. Vem à luz o meu melhor lado. Passo a partilhar com todos tudo aquilo que considero maravilhoso – e a brilhar!

A alegria tem sua raiz na gratidão, e pessoas que são sinceramente gratas, se tornam carismáticas e atraentes aos demais. A alegria é como luz e nós nos sentimos magicamente atraídos para essa luz. Pessoas alegres nos ajudam a perceber e a reconhecer conscientemente o que há de belo no mundo, ao invés de nos concentrarmos naquilo de que não gostamos.

Se ao acordar eu reconhecer a sensação de segurança da minha cama e apreciar o momento, este pode ser o primeiro momento alegre do dia. Ou se estiver consciente da delícia do meu banho quente, do raio de sol em meu rosto ou do sorriso de um colega simpático no trabalho.

Do mesmo modo que temos pequenos momentos de alegria, temos também dias de grandes celebrações: a gigantesca felicidade quando vem ao mundo um bebê saudável e o milagre da vida contínua, o êxtase do início de uma paixão ou o sentimento de realização de um projeto bem-sucedido. E a potência de alegria também é importante: quando a seguimos e confiamos nela diligentemente, somos levados à nossa missão de vida. Sentimos que nosso propósito de vida é absolutamente a escolha certa a ser feita. Afinal, abrindo nossos corações para a alegria, aprendemos a celebrar as coisas grandes e as coisas pequenas da vida.

> **Precisamos de alegria para...**
> • desfrutar da vida
> • Amar
> • levar as coisas com humor
> • encontrar nosso propósito na vida e segui-lo
> • assumir posições de liderança
> • ter relacionamentos saudáveis
> • ter paz interior
> • Desenvolver o carisma

## Força boa, força ruim

Portanto a alegria, assim como as demais forças contidas nas emoções, não é nem boa nem ruim. O sentimento de alegria e de justiça guiaram tanto Hitler quanto Madre Teresa. Embora possa parecer inacreditável, a alegria também é neutra. É a intenção que determinará o resultado obtido.

Em sua expressão sombria, a alegria leva ao auto-engano e à falsidade. Ver o mundo através de lentes cor-de-rosa nos envolve em doces ilusões. Andamos sobre nuvens quando na verdade nos iludimos e nada está como deveria estar. Colocamos um manto de alegria sobre tudo aquilo que não queremos ver. Mais uma vez, não é a alegria em si que determinou a situação, mas a intenção por trás.

## Sem alegria, sem força

Quando não sentimos alegria e não apreciamos as coisas boas, a vida se torna quase insuportável. Ficamos insatisfeitos, resmungões, queixosos, nos tornamos um fardo para nós e para os outros.

Infelizmente, somos biologicamente constituídos de tal forma que a percepção de coisas boas e bonitas não é uma grande prioridade. Somos assim programados a olhar para aquilo que não funciona, apontar erros ou a nos lamentar. As chamadas 'circunstâncias negativas' podem ameaçar a nossa sobrevivência, já as positivas não.

Às vezes ficamos conscientes desse mecanismo, quando em meio a vários pensamentos positivos surge um pensamento negativo que parece ressoar mais alto na nossa cabeça. Algumas vezes exige um esforço consciente para nivelar os pensamentos positivos e negativos. Assim, estamos programados para ampliar o efeito das ocorrências negativas no nosso dia a dia. Aquilo que é bom e belo nem sempre merece atenção especial, já que corre bem por si mesmo. Nos sentimos atraídos pelos problemas, uma vez que eles são úteis à nossa sobrevivência.

Como com muitas outras programações, esta programação negativa tem nos servido bem e de forma importante – com tanto foco dado para circunstâncias falsas, tristes e assustadoras, chegamos a perder o desejo de viver. Não é estranho, então, que a doença mais frequente seja a depressão. Curiosamente, pesquisas têm mostrado que pessoas deprimidas respondem tão positivamente a escrever um diário enumerando suas alegrias como outros grupos de controle respondem aos medicamentos psiquiátricos. A tarefa

## Exercício 2 – Crie alegria conscientemente

Todos os dias acontecem mil pequenas coisas sem que percebamos conscientemente – precisamente porque elas acontecem naturalmente. Cada uma dessas pequenas coisas é uma oportunidade de ser feliz. Por exemplo, você pode ser feliz quando está frio e tem um casaco quente. Ou você pode agradecer quando seus filhos voltam da escola em segurança. Ou você pode apreciar o fato de ter água quente para seu banho, ou até mesmo de estar lendo este livro agora.

Mas isso só acontece quando se gera essa alegria. Portanto, se não nos alegramos com as pequenas coisas, não é porque elas não são bonitas o suficiente, é porque não prestamos atenção nelas. Na maioria das vezes, não prestamos atenção até que elas não deem certo.

Crie o hábito de parar por um momento várias vezes ao dia e trazer a sua atenção para algo que é bonito ou que está correndo bem. Apenas por um breve momento e pode ser uma pequena coisa. Não é tão importante o que o deixa feliz. Ao contrário, o importante é que você faça, encontre a interpretação e sinta a emoção.

Alegre-se quantas vezes quiser, porque sentir alegria só de vez em quando, em circunstâncias especiais, é realmente uma pena.

de manter um diário de alegria consiste em que a pessoa o carregue sempre consigo e registre cada momento de alegria, por menor que seja. Esta tarefa aguçou a percepção dos envolvidos para o que é belo e bom, criando uma maior força de alegria no grupo.

## Quando criamos muita alegria

Apesar desta programação negativa, ou talvez por causa dela, muitas pessoas desenvolveram o hábito de pretender gostar de coisas que naturalmente as desagradam. Aparentemente, evitamos assim os pensamentos negativos e sentimos apenas alegria. O chamado Positive Thinking, que causou furor há alguns anos como a chave para uma vida feliz, baseia-se nesse princípio. Infelizmente, esta estratégia muitas vezes nos leva a viver num mundo de fantasia, pois em casos extremos, tudo o que naturalmente nos desagrada tem de ser reinterpretado, negado ou reprimido. O lema 'sorrir a todo custo' sem olhar para o lado negativo da vida poderá, a curto prazo, até nos trazer mais alegria, mas a longo prazo, nos adoece. Todos nós nos confrontamos com coisas que evidentemente não são boas nem bonitas e que exigem de nós um outro julgamento. Negar a essência dual das coisas é negar a natureza da vida.

## A possibilidade de alegria incondicional

No entanto, existe a possibilidade de nós, humanos, vivermos em profunda e autêntica alegria. Quando a nossa consciência evolui a um nível em que é possível perceber a perfeita ordem das coisas, passamos a sentir que tudo está como deveria estar. Embora a afirmação anterior possa nos remeter aos 'óculos com lentes cor de rosa' que descrevemos há pouco, difere fundamentalmente deles na medida em que a compreensão desta verdade engloba todas as interpretações da mesma forma – incluindo aquelas que julgamos como erradas, terríveis ou lamentáveis.

Trabalhando as emoções podemos aprender a permitir a expressão de emoções como o medo, a raiva ou a tristeza e apreciá--las. Podemos aprender a conhecer, apreciar e até mesmo amar a beleza de cada uma das forças. Isto nos permite estar totalmente em contato com a vida e amar, lutar e criar. Assim, não há necessidade de excluir partes de nossa experiência, cujas interpretações resultariam em sentimentos pouco amorosos. A autêntica alegria do que é e o reconhecimento da ordem maior que nos contém se torna uma parte profundamente ancorada do nosso ser.

| | alegria demais | ingênuo<br>inautêntico<br>superficial<br>deslocando | + |
| --- | --- | --- | --- |
| | | ALEGRIA | |
| | alegria insuficiente | depressivo<br>insatisfeito<br>sozinho<br>pouco atraente | − |

Todos nós ansiamos sentir alegria. A maioria de nós, entretanto, não atravessa o vale das sombras interior que precisa ser atravessado para que possamos experimentar a alegria incondicional como uma verdade viva em nós. Ao invés disso, nos esquecemos de utilizar uma quinta emoção ou sentimento: a vergonha.

# 6 – Vergonha, a força da humildade

A vergonha é uma outra emoção que a maioria das pessoas evita a todo custo, mas que está sempre à espreita. Surge nos momentos mais inoportunos, gostaríamos de desaparecer no ar, mas raramente estamos mais conscientes da nossa

- Interpretação: "Eu sou um erro"
- Elemento: Éter
- Tarefa: Auto-reflexão
- Sombra: Autorrecriminação
- Força: Humildade

própria presença. O nosso próprio "Eu sou" olha-nos com uma careta irritante, parece zombar de nós. Nos sentimos inadequados e aprisionados à situação.

Atribuo o elemento éter à vergonha, o misterioso elemento sobre o qual físicos, metafísicos e filósofos têm debatido durante tanto tempo, cuja existência não pôde ser provada nem negada. Se o éter é uma substância que tudo permeia, como seria possível medi-la ou, menos ainda, distingui-la? Acontece algo semelhante com o Eu.

O Eu também permeia todo o nosso mundo, e não possuímos outro acesso que não seja o seu ponto de vista. Cientistas, geneticistas e filósofos procuram esta coisa etérea, o Eu, e não a encontram.

O sentimento de vergonha, assim como o éter em sua natureza, contém em sua forma pura cada uma das outras quatro potências emocionais, e ajuda-nos a mudar as partes de nós próprios que estão *erradas*, a apreciar aquelas que são *certas*, a enfrentar as que tememos, e a aceitar aquelas que são *uma pena*.

## "Eu sou um erro"

*"Eu sou um erro"* é a interpretação da vergonha. A vergonha é a primeira emoção que não é exteriorizada, mas, sim, dirigida ao sentido do eu. Não é mais isto ou aquilo que julgamos errado, triste ou terrível, nós passamos a dirigir nosso olhar para aquilo que, como o éter, tudo permeia: o próprio eu. A capacidade de sentir vergonha está, assim, intimamente ligada à capacidade de refletir sobre si mesmo. O processo de desenvolvimento da emoção de vergonha em nossa psique representa um passo essencial para o desenvolvimento da nossa consciência, para a origem do sentido do eu.

Precisamente por esta razão, a vergonha desempenha, segundo a Bíblia, um papel fundamental na origem da criação. Assim que Adão e Eva comeram a maçã da árvore do conhecimento e se conscientizaram do certo e do errado, sentiram vergonha de si próprios. Nada havia mudado, exceto a sua própria consciência. De repente tiveram a capacidade de tecer julgamentos sobre si e passaram a reconhecer as suas próprias imperfeições.

O nosso sentido de eu surgiu através dessa nossa capacidade de refletir sobre nós mesmos, nos julgando *certos* ou *errados*. O sentido do eu está, assim, intimamente ligado à capacidade de sentirmos vergonha. Para nos conciliarmos com o nosso Eu, precisamos nos reconciliar primeiro com a vergonha e as respectivas associações que criamos. Somente através da vergonha somos capazes de acessar a humildade, e então, reconciliar o julgamento contra si e a nossa aparente imperfeição.

## A vergonha por uma perspectiva social e cultural

A vergonha é um sentimento que foi muito manipulado no passado. Ao invés de um regulador saudável, foi usado como um meio para provocar o autoflagelo e manter as pessoas presas à falta de amor-próprio.

A ideia do pecado original pesava fortemente sobre os cristãos. Na Idade Média, o sentimento de vergonha foi explorado de forma indecente através da venda de indulgências e transformou-se numa das indústrias mais lucrativas da Igreja,

Portanto, a vergonha não é um sentimento muito popular hoje em dia. E, embora muitas pessoas tenham desenvolvido uma defesa saudável contra esta forma de manipulação, algumas vezes pendem para o extremo oposto da balança. Por exemplo, é comum que algumas crianças de hoje sejam elogiadas com frequência, supostamente para aumentar a sua auto-estima. Infelizmente, isso leva as crianças a desenvolverem traços narcisistas em vez de uma auto-estima saudável. Chegou o momento de nos reconciliarmos com um sentimento que pode criar uma relação saudável e equilibrada conosco, sem cairmos na egomania ou no autoflagelo.

## A vergonha como força

É através da força da vergonha que nos conhecemos melhor, podemos refletir sobre nós mesmos e nos desenvolver. Através da vergonha nós nos questionamos. Através da afirmação *"Sou errado"*, ou também da pergunta *"Sou errado?"*, dirigimos nosso olhar para dentro. Este momento pode ser de superação ou até mesmo ser uma libertação. É como se, de vez em quando, eu me obrigasse a olhar para dentro de mim; outras vezes, me permitir fazer essa pergunta, traz consigo um alívio ou posso simplesmente admitir um erro.

A força da vergonha possibilita um momento de introspecção, onde as outras forças emocionais podem entrar no jogo, mas, desta vez, as dirijo para mim e não para o exterior. Minha raiva me ajuda a perceber onde está o erro e mobiliza a força necessária para que aquilo seja modificado. A força da minha tristeza me ajuda a aceitar aqueles traços ou comportamentos de que não gosto, mas que ainda não sou capaz mudar, e o mais importante, me ajuda a me amar de qualquer forma, com as minhas falhas e fraquezas. A força do medo me permite olhar para recantos ocultos dentro de mim, sem saber o que vou encontrar. E finalmente, a força da alegria permite que eu valorize e fortaleça aquilo que acho bom e bonito em mim.

> **Precisamos de vergonha para...**
> • admitir nossas limitações, nossas falhas e fraquezas.
> • admitir que não somos super-homens.
> • desenvolver a humildade.
> • aceitar a nós mesmos como imperfeitos.
> • desenvolver o amor-próprio.
> • pedir perdão de uma forma autêntica.
> • usar nossos pontos fortes
> • estar a serviço da comunidade.

A vergonha é, portanto, a força da autorreflexão. Através da vergonha nós nos conhecemos, desenvolvemos a humildade e a capacidade de nos amarmos como somos, mas sem sermos complacentes com as nossas imperfeições. Ao dirigir o meu olhar para dentro de mim, a força da vergonha me transforma simplesmente em mais um alvo de minhas forças emocionais. Saio da minha zona de conforto invisível e meus pontos cegos se tornam visíveis. Posso, assim, avaliar o meu próprio comportamento, inclusive, os traços de meu caráter. Me permito, assim, estabelecer um relacionamento direto comigo.

Pessoas com uma capacidade saudável de sentir vergonha são ótimos em trabalhos de equipe, pois podemos lhes dizer abertamente aquilo que gostamos neles e aquilo que não. Eles não têm a pretensão de serem perfeitos e exatamente por isso é agradável trabalhar com eles. Também são bons em perdoar os erros dos outros, sem ignorá-los, já que sabem que qualquer um tem as suas falhas e dificuldades.

A força da vergonha também é utilizada em situações de ordens de grandeza bem diferentes. Pode surgir no momento em que me dou conta de ter esquecido a chave do carro em casa quando a família toda está no estacionamento pronta para sair. Ou o momento em que noto que estou vestida de forma totalmente inadequada para um evento importante.

Surge também nos momentos da vida em que sentimos enorme culpa ao reconhecemos que magoamos muito alguém que amamos. Quando um projeto importante não é aprovado porque não nos preparamos o suficiente. A força da vergonha é importante para que possamos aprender e fazer as pazes com essas situações, por mais desconfortável e doloroso possa ser

## Força boa, força ruim

Como ocorre também com as demais forças, a vergonha não é em si boa nem má. Podemos usar o aspecto autorreflexivo dessa emoção para nos conhecermos melhor e aprendermos, assim, a lidar de forma responsável com nossos pontos fortes e fracos. Ou podemos deixar que a vergonha nos consuma, vendo em cada erro a oportunidade para praticarmos a autorrecriminação. A vergonha funciona como um espelho. Como reagimos àquilo que é mostrado, depende inteiramente de nós.

Em sua expressão mais sombria, a vergonha leva à autorrecriminação. Ao invés da autorreflexão saudável, teremos a autorreprovação; ao invés da autocorreção, a autocensura. Mas, não é a vergonha em si que leva a um ou ao outro: ela permite olharmos para dentro e nos observarmos. O que importa é o que fazemos a partir do estímulo recebido e a orientação que damos à ele.

## Quando somos sem-vergonha

Quando não sentimos vergonha, ou não estamos dispostos a senti-la, criamos uma autoestima inflada. Ideias como a autorrealização e autodeterminação são rapidamente substituídas por viagens sem limite do ego. Sem a vergonha nos esquecemos de que os erros e falhas são uma parte natural de quem somos. Deixamos de perceber que nossas virtudes só nos trazem realização se compartilhadas com os outros.

Em casos extremos, pode faltar a uma pessoa que se nega a admitir que "eu estou errado" qualquer capacidade de autocorreção. Os erros passam a ser ignorados e pessoas que poderiam apontá-los são evitadas a qualquer custo. A pressão para manter a aparência de ser infalível se torna enorme.

Quando não só falta a alguém o desejo, mas também a capacidade fisiológica de se envergonhar, isso pode gerar sérias consequências às competências sociais do indivíduo. O já citado neurobiólogo Damasio teve também experiência com pacientes que perderam ou não possuem a capacidade de sentirem vergonha. Ele descreve a problemática da ausência de vergonha da seguinte forma:

> Imagine que você deve fazer um pequeno discurso após um jantar. Você começa a falar e não termina seu discurso passados 20 minutos. O público dá todos os sinais de impaciência. Sem se dar conta disso, você segue simplesmente falando. Se por outro lado sente o constrangimento, você pensa: "Meu Deus, falei demais, está na hora de parar!". O desconforto ajuda você a se comportar de forma útil para si mesmo.

## Quando morremos de vergonha

Assim como acontece com a falta de vergonha, nos vemos em dificuldades quando sentimos vergonha demais para lidarmos com os nossos pontos fracos e pontos fortes. No entanto, embora estas dificuldades tendem a manifestar-se em caso de falta de vergonha, na medida em que os erros são constantemente ocultados ou projetados nos outros, conduzem ao perfeccionismo compulsivo em caso de vergonha excessiva.

Nós não apenas precisamos fingir ser perfeitos, nós devemos também ser. O excesso da força da vergonha, permanentemente ativa, nos torna conscientes até das mais pequenas ofensas. A vida torna-se uma batalha contra as próprias imperfeições, uma batalha fadada ao fracasso.

A vergonha gerada em demasia é muitas vezes usada como estratégia, a fim de se evitar o confronto com aqueles que nos rodeiam.

Torna-se uma via de escape.

| vergonha demais | perfeccionismo autorrecriminação insegurança dúvida | + |
| --- | --- | --- |
| VERGONHA | | |
| vergonha insuficiente | egocentrismo despotismo incapacidade de se desculpar | − |

Ao invés de enfrentarmos o desconforto de que algo não está de acordo com o que desejamos, preferimos direcionar o mal-estar a nós mesmos. Ao invés de nos relacionarmos com o exterior, preferimos relacionar a questão somente conosco – e manter sempre aquela mesma posição, ou seja, "Eu estou errado". É um mecanismo perfeito para se escapar do dilema, onde se evita olhar para o que achamos errado, triste ou terrível e onde, ao mesmo tempo, se admite a incapacidade para enfrentar a situação.

Em última análise, a vergonha excessiva é uma estratégia para se evitar o relacionamento – não apenas com as pessoas, mas com a vida em si.

O exemplo a seguir ilustra bem esse mecanismo. Se estamos passeando, começa a chover e nosso amigo reclama, podemos imediatamente sentir vergonha por ter sugerido o passeio. Ou então, sentimos vergonha por não ter sugerido a ele trazer um guarda-chuva. Ou talvez sintamos vergonha até mesmo por estarmos vivos. Se sentimos vergonha com frequência, ou se somos muito criativos na lógica de nossas interpretações, então faremos alguma forma estranha de associação entre nós e a situação – exatamente para que possamos nos culpar.

No exemplo acima evitaremos julgar como 'uma pena' a chuva durante o passeio. E também não levaremos em conta, quão

## Exercício 3 – Identificar a interpretação

Da próxima vez que você tiver uma sensação intensa, afaste sua atenção da causa externa por um momento e traga para o verdadeiro gatilho da sensação, a interpretação. Independente do que você está sentindo: raiva, tristeza, medo, alegria ou vergonha, pergunte-se: "O que eu sinto é errado/certo/bom/uma pena ou será que me sinto "errado"? Certifique-se de ser tão específico quanto possível em sua resposta.

terrível pode vir a ser a reação de nosso amigo, já conhecido por seus rompantes de raiva, no caso dele vir a dar uma conotação negativa àquele início de chuva. Em outras palavras, evitamos ficar tristes pelo passeio chuvoso e sentir medo da raiva do nosso companheiro. Admitir simplesmente que está chovendo durante o passeio, sentir a tristeza, abriria nossos corações ao amor para, até mesmo, aceitar que não corresponde às nossas expectativas. Talvez pela primeira vez em nossa vida experimentaremos a delícia de um passeio na chuva – e, sim, sem o guarda-chuva! E o medo da raiva do nosso amigo poderia nos abrir para novas experiências, descobrir novas possibilidades e ter um encontro mais profundo com a pessoa ao nosso lado. Talvez nos déssemos conta de que a presença de uma pessoa zangada não é tão ameaçadora assim ou descobrir a força de nossa própria raiva impondo um limite ao comportamento imaturo da outra pessoa. Quem sabe?

O fato é que surgiria um novo nível de relação com o nosso companheiro, o ambiente, a chuva e, consequentemente, com a própria vida. Portanto, quando sentimos vergonha demais, evitamos uma única coisa: o relacionamento.

# 7 – A bússola das emoções

Agora que temos uma visão geral das cinco forças emocionais e de suas respectivas interpretações, quero neste ponto levantar a questão: o que, exatamente, é uma emoção negativa. Não é difícil perceber que das cinco emoções, nós geralmente só consideramos positiva a alegria. Por quê?

Se avaliamos algo como *errado, terrível* ou *uma pena*, ou seja, "Estou errado", percebemos que apenas uma nos convém, aquela que indica que as coisas estão de acordo com o que queremos. Dizemos, então, que aquilo é bom e nos alegramos. Qualquer outra interpretação indica que as coisas não são como gostaríamos que fossem. Assim, à primeira vista, não surpreende que rotulamos a alegria como uma emoção boa e todas as outras como más. Acontece que se observarmos a vida e o curso dos acontecimentos, logo fica evidente que trata-se um tiro no pé. Até que ponto é realista, então, que tudo corra sempre da forma que desejamos? Podemos nos dar ao luxo de excluir todo o resto? Porque é exatamente quando as coisas não acontecem do jeito que planejamos que precisamos da força das nossas emoções para lidar com cada situação de forma adequada.

Raiva, tristeza, alegria e medo – as quatro emoções direcionadas ao exterior – são as ferramentas que nos permitem lidar bem com qualquer tipo de situação. Juntas formam a bússola das emoções. E a quinta emoção, a vergonha, permite dirigir a nós mesmos as outras quatro forças. Não é um capricho do destino ou alguma falha genética/biológica sentirmos tanta raiva, medo, tristeza e vergonha. Sentimos essas emoções porque precisamos delas para enfrentar adequadamente as diferentes circunstâncias da vida. Ao ignorarmos todas as forças, exceto a chamada força positiva, nos tornamos quase incapazes de lidar adequadamente com circunstâncias inesperadas.

Não assumimos a responsabilidade quando necessário, nem tampouco nos conciliamos com aquilo que não podemos modificar. Muitas vezes nos sentimos desamparados, à mercê da vida, sem nos darmos conta de que as ferramentas necessárias sempre estiveram disponíveis para nós.

As chamadas emoções negativas são exatamente essas ferramentas. Sem elas, três quartos da nossa bússola emocional estariam vazios e não saberíamos nos defender contra circunstâncias adversas. Desenvolvemos estas forças, energias e mecanismos neurobiológicos no decurso da nossa evolução, à medida que a nossa consciência se expande, a fim de sermos capazes de lidar com circunstâncias adversas de modo adequado, psicologicamente e também na prática.

Dependemos destas emoções – não apenas como um contraste interior ao nosso sentimento favorito, a alegria, mas como uma competência básica para viver como seres humanos neste mundo.

## As "emoções negativas" são prejudiciais?

Hoje a nossa relação conflituosa com as emoções negativas está tão enraizada que muitas pessoas são de opinião que essas emoções não são apenas desconfortáveis, mas também prejudiciais. Margareth E. Kennedy, Professora de Psiquiatria na Universidade de São Francisco, EUA, atua há décadas na pesquisa intensiva da relação entre o nosso corpo emocional e o nosso sistema imunológico. O resultado das pesquisas foi uma surpresa. Ela observou que a expressão espontânea das emoções, sejam elas "positivas" ou "negativas", afeta o sistema imunológico exatamente da mesma forma. Na experiência, cada emoção gerada e sentida espontaneamente causou o aumento da atividade geral das células imunitárias e, de forma específica, o aumento do número de células auxiliares. O corpo demonstrou uma maior resistência ao longo da duração da emoção do que sem a presença do estímulo – e isto foi demonstrado com a alegria, o medo, a raiva e a tristeza!

A ideia de que as chamadas emoções negativas nos fazem mal não foi comprovada. Pelo contrário! O sistema imunológico reage da mesma forma ao gerar e expressar espontaneamente tristeza, alegria, raiva ou medo. Somente quando uma dessas emoções se acumulou, gerando assim um sentimento e colocando o corpo em um estado de excitação quase permanente, surgiram os efeitos negativos à saúde.

Emoções acumuladas na forma de sentimentos são a única origem do desequilíbrio emocional. A Parte II é sobre outras cinco formas, infelizmente muito comuns e não muito construtivas, de lidar com as nossas emoções. Cada uma impede, à sua maneira, o desenvolvimento da competência emocional.

# PARTE II

## O que bloqueia nossa habilidade emocional

Quando comecei a investigar a cura emocional, não tinha ideia de como seria uma pessoa emocionalmente saudável. Me ocorreram palavras como 'equilíbrio', no entanto, não se encaixavam realmente naquele contexto. *"O que significa ser emocionalmente equilibrado? É estar sempre alegre, simpático, de bom humor? Não sentir mais raiva, tristeza ou medo? Ou ainda que surjam, a pessoa é imune a elas, como contra uma praga?"* – estas e outras questões me ocupavam a mente.

No plano físico, a saúde poderia ser descrita de forma bem simples, como a ausência de doença e desconforto. Mas o que era a doença a um nível emocional? Estava claro para mim que não se tratava aqui de doenças mentais no sentido patológico ou psiquiátrico. E estava igualmente claro que a saúde emocional era algo diferente do que eu observava em mim e nas pessoas à minha volta. E a dúvida persistiu tanto com pessoas que encontrei na Europa, bem como aquelas que conheci na Ásia, Austrália e América do Norte, Central e do Sul. No contexto da doença emocional, palavras como insensibilidade e descontrole vinham à mente. Mas então, o que era apropriado? Que nível de emoção é permitido, por gentileza? E, o mais importante, que emoções são consideradas saudáveis... e que emoções não são? A linguagem que utilizamos me chamou a atenção: "Não me sinto bem", é uma forma de dizer que se está zangado, triste, ansioso, ou algo parecido, enquanto "Me sinto bem", é uma forma de expressar bom humor e alegria. Alguém afirmar que está bem e, ao mesmo tempo, que se sente triste ou mesmo ansioso, é raro. Na maior parte das vezes, quando pensamos em equilíbrio emocional, pensamos numa pessoa feliz e contente. Não imaginamos pessoas zangadas, tristes, ansiosas ou culpadas.

Na minha jornada de autocura emocional, a minha dificuldade inicial foi, obviamente, o fato de não conseguir encontrar uma definição clara de saúde emocional para me orientar, muito menos de competência emocional. Primeiro tive que criar minha própria definição, e depois, passo a passo, fui descobrindo o que funcionava e o que não. Eu defino saúde emocional como algo que está entre um desenvolvimento livre e o uso apropriado de cada força emocional no nosso dia a dia. A competência emocional envolve ainda mais alguns pontos. A seguinte definição vem do meu livro *Kleine Gefühlskunde für Eltern: Wie Kinder emotionale und soziale Kompetenz entwickeln* (Tradução livre: *Pequenas Lições sobre emoções para os pais: como as crianças desenvolvem a competência emocional e social*)

---

**A competência emocional é a capacidade de**

- perceber os próprios sentimentos
- reconhecer e empatizar com os sentimentos dos outros
- gerar e controlar conscientemente as próprias emoções e adaptá-las à respectiva situação
- distinguir entre as emoções e sentimentos em si mesmo e nos outros
- descarregar velhos fardos emocionais com cuidado, sem prejudicar a nós mesmos ou aos outros no processo
- apoiar outros na descarga adequada de sua bagagem emocional

PARTE II – O que bloqueia nossa habilidade emocional

Se eu utilizar esta definição como base, fica claro que hoje em dia poucas pessoas podem se considerar emocionalmente saudáveis ou competentes. Hoje sei que relações satisfatórias com os outros, e conosco próprios, dependem diretamente da capacidade de usar todas as emoções como forças. A satisfação é condicionada tanto pela raiva, como pela tristeza, como pela vergonha, como pelo medo, como pela alegria. Cada emoção é uma parte nossa que serve uma função importante em nosso sistema, é uma chave para se experimentar até as circunstâncias adversas como uma parte natural da vida.

Ao longo do tempo, tenho notado que existem diferentes fatores a nível emocional que levam à doença e ao desequilíbrio. Por mais que desejemos e com frequência nos seja sugerido, não existe uma receita simples para a cura emocional. Clichês como "O amor é a resposta" ou "Perdoe e o seu coração se curará" criam a ilusão de soluções simples e não dão conta da complexidade da função que as nossas emoções têm. É importante compreender os fatores e hábitos que nos deixam emocionalmente doentes, porque em comparação com a realidade de nossas vidas, é neles que nos reconhecemos; muito mais do que em uma descrição utópica de saúde e competência emocionais.

É claro que, como descrevi acima, os desequilíbrios só ocorrem em casos extremamente raros. Ou seja, a pessoa completamente insensível às emoções é provavelmente tão rara como a pessoa que permite e expressa as cinco emoções excessivamente. No entanto, é possível encontrar na maioria das pessoas uma combinação dos desequilíbrios descritos.

Uma pessoa pode escolher sentir uma emoção parcialmente, por exemplo, o medo, enquanto a vergonha é suprimida, no momento em que surge e se acumula, para então, se tornar um sentimento. Essa pessoa pode ser impotente diante de outras emoções, como a raiva e se dar conta tarde demais, terminando por magoar profundamente aqueles que estão próximos. Essa mesma pessoa talvez sinta tristeza exclusivamente no cinema, quando uma situação muito romântica aparece na tela. E a alegria – a alegria ocorre apenas quando algo particularmente belo acontece, mas de maneira comedida. Essa pessoa parece ter cuidado de não esbanjar essa emoção tão preciosa... Na dúvida, é ainda mais seguro falar das imperfeições de algo do que revelar a verdadeira beleza da vida.

Poucas pessoas acreditam que os traços descritos são evidências de doença emocional. Contudo, se partirmos do princípio que as forças emocionais geradas são desperdiçadas, reprimidas ou simplesmente não utilizadas, vemos que é necessário falar do desequilíbrio emocional.

## Origens do desequilíbrio emocional

Para compreender como foi possível eu me curar emocionalmente, precisamos primeiro compreender os mecanismos que causam doenças emocionais. Neste livro discutimos seis mecanismos básicos através dos quais nos tornamos emocionalmente doentes. A forma externa destes mecanismos varia muito, mas todos eles têm uma coisa em comum: são estratégias para não se sentir.

Emoções existem para ser sentidas. Mas, em geral, fazemos praticamente tudo com as nossas emoções, exceto senti-las. Os dois primeiros capítulos desta parte do livro tratam das estratégias mais conhecidas para evitar as emoções – entorpecimento e supressão. O capítulo seguinte aborda a recusa em se gerar emoções e por que este mecanismo é fundamentalmente diferente dos dois primeiros.

O quarto capítulo trata de uma estratégia para se evitar a emoção e que normalmente não é reconhecida como tal: a expressão. Permitir o livre

> **Causas de desequilíbrio emocional:**
> • Anestesia
> • Supressão
> • Não-criação
> • Descarte
> • Emoções invertidas
> • Exigências absolutas

fluir das emoções, como sugerem algumas formas de terapia, pode vir a se tornar apenas um método para não se sentir. O quinto capítulo trata das emoções reprimidas, o uso inadequado das emoções. O sexto e último capítulo trata das raízes do sofrimento emocional, do caráter urgente de nossas reivindicações.

# 1 – Emoções anestesiadas

O primeiro fenômeno que quero abordar aqui é o conhecido costume de entorpecer as emoções. Não conhecemos a função das emoções, não sabemos de onde elas vêm, e no primeiro sinal de desamparo, buscamos formas de desligá-las.

Acredito que o consumo da maioria dos narcóticos, anestésicos e os chamados estimulantes acontece por razões emocionais. Raramente para se sentir com mais intensidade, mas sobretudo para se sentir menos, de preferência, de forma nenhuma. O álcool entorpece o poder paralisante do medo e paquerar uma moça bonita no bar torna-se quase involuntário. Acalmar a mente com um cigarro depois de uma conversa exaustiva com o supervisor prepotente no trabalho, diminui o calor da raiva no sangue. O perigo vindo de dentro desaparece, a vida está sob controle novamente.

## Quando não conseguimos mais sentir

O preço pago por este controle é alto. Pois se formos incapazes ou se nos recusarmos a sentir emoções como medo, raiva ou tristeza, iremos progressivamente perder a nossa capacidade de sentir. Se anestesiarmos tudo por tempo suficiente, logo não seremos capazes de sentir aquela emoção tão importante: a alegria.

Quando deixamos de sentir uma emoção, ela se atrofia. Quando uma determinada parte do corpo não é mais necessária, ela adormece. Quando certas sinapses no cérebro se mostram desnecessárias, elas também são desativadas.

Portanto, não surpreende que para muitas pessoas essas sensações negligenciadas, o sentir das emoções, tenha se tornado nada além de uma capacidade rudimentar. A vida passa a ser uma rotina monótona, e se algo ainda despertar alguma emoção em nós, será um drama hollywoodiano, uma novela na tv ou um filme de ação interessante. Enquanto os comerciais nos comovem, permanecemos assustadoramente frios diante de nosso entorno imediato e até mesmo das pessoas mais próximas. E, em algum momento, a fome de viver e a vontade de sentir podem se tornar avassaladoras.

## A história de Steven D. Green

A seguir conto a história de Steven D. Green, um exemplo extremo da busca desesperada por emoções.

No início do ano de 2006, Steven D. Green atuava como soldado no Iraque. O jovem soldado americano, Steven D. Green, foi acusado, na primavera de 2006, de estuprar uma jovem iraquiana de 14 anos e de exterminar sua família. Em uma entrevista com o jornalista norte-americano Andrew Tilghman, alguns meses antes do massacre em Mahmudijah, ele contou que estava no Iraque porque queria matar pessoas. *"Pensei que matar uma pessoa seria uma experiência transformadora em minha vida"*, explicou ele na entrevista. Infelizmente, ele próprio testemunhou que as suas expectativas não foram atendidas. Ele mesmo conta: *"Atirei em um homem que não quis parar no nosso posto de controle de tráfego e foi como se nada tivesse acontecido. Matar pessoas aqui é como esmagar formigas. O que quero dizer é: você mata alguém e a sensação é: Está bem, e agora vamos sair e comer uma pizza."* Ele permanecia completamente frio diante das condições extremas da frente de batalha iraquiana e diante da experiência de executar pessoas porque havia perdido há muito tempo a capacidade de sentir.

## Um caso isolado?

As declarações de Green chocam. Chocam porque refletem algo cada vez mais propagado em nossa sociedade: a busca desesperada por emoções. Mais e mais modos, cada vez mais intensos, sejam eles virtuais, químicos ou mecânicos, são inventados para que despertem uma fagulha de sensação em nós. E quanto mais frios e controlados nos tornamos, mais fortes devem ser os estímulos que dizem: "Sim, você está vivo!" O caso de Steven D. Green não é um caso isolado. Em seu lugar, poderia ser mencionado qualquer um dos jovens assassinos violentos dos últimos anos, qualquer um dos incontáveis jovens que cometeram atos de violência e que apresentaram apenas um motivo: "tédio". Estes jovens são exemplos extremos de um fenômeno que pode ser observado hoje em cada um de nós: por um lado existe a insensibilidade crescente, por outro, a procura desesperada por emoções, a busca por uma vida intensa.

Os exemplos diferem apenas em grau de entorpecimento. Entorpecer os sentimentos em vez de os senti-los é um mecanismo básico, familiar a todos nós. Desde que éramos crianças pequenas, fomos ensinados a engolir o choro com um doce ou uma bala – a chamada comida de conforto físico. O consumo dos chamados alimentos estimulantes tem feito parte da vida cotidiana da maioria das pessoas desde a adolescência. A tragédia desta tendência é que estamos "jogando fora o bebê junto com a água do banho".

Estamos em um círculo vicioso, porque se dirigirmos nossos esforços apenas para sentir mais alegria, amor ou prazer e menos raiva, medo ou tristeza, estaremos fadados ao fracasso. Quando vivemos, sentimos. E quando sentimos, sentimos a gama completa de emoções. Precisamos da gama completa para encarar adequadamente as facetas da vida. Mas o que acontece quando entorpecemos nossas emoções? O que acontece atrás da porta do "sentir" que fechamos tantas vezes? As emoções deixam de existir ou sim-

PARTE II – O que bloqueia nossa habilidade emocional

plesmente não as percebemos porque estamos entorpecidos? E se ainda existirem, o que acontece com elas?

Vamos supor que um colega no escritório, com quem nos demos muito bem até agora, nos destrate sem motivo. Em vez de deixar claro de que não gostamos de sua atitude e em prol da paz, mordemos nossa língua e voltamos para a nossa mesa de trabalho. Não deixaremos que seu comentário nos atinja. De volta às nossas mesas, notamos que não estamos tão concentrados em nosso trabalho como antes. Ao longo da tarde, nos arrastamos para a máquina do café, respondemos e-mails antigos e de vez em quando assistimos a um vídeo no Youtube até o fim do expediente. Ao sairmos do escritório, notamos que estamos de mau-humor e nem nos lembramos mais o motivo. Ao chegarmos em casa, tentamos mudar aquele clima, mas a única coisa que queremos mesmo é desligar a mente: uma cerveja, o jantar e um filme moderadamente inteligente é exatamente o que precisamos. Até a hora de dormir, tudo se transformou em um tédio acinzentado. Não há vestígios da raiva de mais cedo. Mas essa sensação é falsa. Simplesmente acabamos de criar um sentimento.

# 2 – Quando as emoções acumuladas se tornam um sentimento

Se as emoções são produzidas e não nos permitimos senti-las, elas se acumulam em nosso sistema e se transformam em sentimentos. Conforme a maneira que defino e utilizo o termo, sentimentos são emoções acumuladas, armazenadas. Em um sistema saudável a emoção surge como resultado da interpretação sobre uma determinada situação, é sentida e imediatamente traduzida. No exemplo descrito acima, é possível que eu tenha considerado errado meu colega me tratar mal por tão pouco. Senti raiva e teria sido perfeitamente adequado ter expressado minha opinião ou ter dito a ele que o tom da sua voz não me agradou. Neste caso, porém, não utilizei a energia gerada que foi, então, reprimida, encoberta, tolerada. No entanto, a energia gerada não desapareceu simplesmente. Pelo contrário: se não convertemos a emoção em ação, ou se evitamos expressá-la porque consideramos a emoção negativa, ou ainda porque concluímos que nossa interpretação sobre a situação não está correta, essa energia se acumula em nosso sistema e se torna um bloqueio. Como foi descrito no capítulo anterior, esse bloqueio pode se transformar em um mau humor difuso, assim como também pode se converter no conhecido soco no estômago ou no famoso nó na garganta.

## Cuidado: resíduos tóxicos

Os sentimentos no sentido de emoções reprimidas se tornam um problema de diversas maneiras. Emoções são forças fluidas, vivas, que assim como a água, lavam o nosso sistema e animam os moinhos de nossa vida. Se o fluxo de água congelar, a roda para de girar. O efeito purificador da água não pode agir, a vivacidade foi temporariamente interrompida. Assim, as emoções acabam por obstruir nossas vias emocionais. Se eu resisto à raiva do meu colega de trabalho, é provável que eu não sinta a habitual alegria de encontrar meus filhos ao final do dia. Tudo se torna opaco. Passo a não sentir mais nem aquilo que desejo. E também passo a não sentir o mundo como de costume.

Este, porém, não é o maior dos problemas quando se trata dos sentimentos, mesmo que já seja difícil por si só. Muito mais delicado é o fato de que essa carga fica acumulada em nosso sistema, à espera de uma oportunidade adequada de ser descarregada. Do ponto de vista do nosso sistema, esta é a única ideia sensata a seguir: isso precisa sair! Essas são emoções antigas, a situação passou, a energia não foi utilizada e se tornou desnecessária. E, claro, acabamos por fazer exatamente o contrário: se possível, iremos sempre internalizar essa carga. Afinal, gritar ou ficar de mau humor sem motivo não é correto.

## O que precisa sair, tem de sair

Nosso sistema não pode simplesmente ignorar a questão. Mais cedo ou mais tarde encontrará uma válvula de escape. O sistema cria, portanto, uma estratégia: espera por uma situação que de alguma forma se assemelha à situação original – mesmo que remotamente – a fim de finalmente se libertar. Então, quando mais tarde surge uma situação que de alguma forma nos remete a experiência anterior, não é apenas uma emoção que desponta, mas o bloco inteiro de emoções reprimidas é ativado. Estamos inundados de sensações, ficamos sobrecarregados e desamparados. Talvez, até possamos perceber com clareza que o surto de emoção que surgiu é desproporcional em relação ao evento em questão e que ainda não sabemos como lidar com isso naquele exato momento – primeiro com a situação em si e, segundo, com a turbulência dentro de nós.

Por exemplo, à noite nossa filhinha está cansada, de mau humor e se comporta mal quando tudo o que realmente desejamos é lhe dar um beijo de boa noite. Em vez de dizer amorosamente que não gostamos do tom dela, perdemos a cabeça e explodimos. Afinal de contas, nosso colega de trabalho também se irritou conosco sem nenhuma razão. Se tudo correr bem – ao menos da perspectiva da filha – a explosão permanecerá dentro de nós. Observamos, então, que a intensidade da emoção que sentimos é desproporcional ao gatilho inicial.

A seguir, é utilizada alguma forma testada e aprovada de anestesia às emoções. Mas, quanto mais cresce o bloqueio emocional, mais fortes são as ferramentas de que precisamos. Enquanto às vezes basta cantarolar para si mesmo ou se distrair através do trabalho, uma conversa ou uma leitura leve, em outras situações, medidas extremas precisam ser tomadas. Há décadas os Rolling Stones falaram sobre o vício das mulheres a medicamentos em sua música "Mother 's little helper", enquanto fumar um cigarro, beber álcool ou comer chocolate faz parte do dia a dia de muitas pessoas hoje como fazia então. Tudo exatamente como era antes, só que ao invés de emoções, agora anestesiamos sentimentos.

### Cuidado: risco de choque!

Caso as coisas não corram tão bem – novamente do ponto de vista de nossa filha – ela receberá toda a descarga emocional destinada originalmente ao colega de trabalho. Através do ponto de vista do nosso sistema, esta pode ser uma solução acertada. Após um rompante de raiva nos sentimos especialmente leves, livres e serenos. Infelizmente, neste caso, descarregamos a carga em nossa filha ao invés de direcioná-la ao seu destino correto. Como resultado, não ocorre uma cura verdadeira. Para que isso acontecesse, teríamos que abrir mão de nossas demandas absolutistas, aquelas que estão por trás do nosso bloqueio emocional... mas chegaremos a esse ponto mais tarde.

## Nossa mochila emocional

O exemplo acima é elementar. Na verdade, ser destratado pelo meu colega de trabalho, reprimir aquela exata emoção para mais tarde descarregá-la nos filhos, é algo muito raro. A maioria dos novos bloqueios emocionais surgem onde já existe um bloqueio anterior. Talvez tenhamos sido tratados como lata de lixo emocional pelos nossos pais quando éramos crianças – um fenômeno que, infelizmente, é bem comum.

Na época, não havia espaço para expressarmos nossa raiva, nossa tristeza, nosso medo ou nossa vergonha diante de uma experiência. Na busca por uma força emocional adequada para lidar com aquela situação, é provável que tenhamos sentido todas essas emoções, sem expressar nenhuma delas. Na melhor das hipóteses, descarregamos aquelas emoções em uma briga no pátio da escola, muitas vezes causando danos ainda maiores. Na maioria das vezes reprimimos e acumulamos as cargas emocionais.

Numa tentativa de liberar o desconforto, nosso sistema reconhece rapidamente situações que se assemelham à situação original. É possível dizer até que procuramos

> **Características de ativação emocional:**
> - tensão interna
> - aperto no abdômen, garganta ou peito
> - sensações de calor ou frio
> - voz alterada
> - súbita mudança de humor
> - forte reação emocional
> - percepção espacial alterada
> - pensamento repetitivo
> - culpa
> - forte mal-estar
> - irracionalidade

## Exercício 4 – Reconhecer as cargas emocionais e conhecê-las

Para este exercício, você talvez queira manter um diário ou algum outro material de escrita.

1. Tire um momento para refletir sobre a última vez que você reagiu de forma inadequada ou teve sentimentos de intensidade inadequada.

2. Coloque-se novamente na situação o melhor que puder, talvez queira fechar os olhos. Lembre-se o melhor que puder, como você se sentiu nessa situação?

3. Como você notou que estava emocionalmente ativado? Quais foram as características ou sintomas de suas ativações emocionais? Se preferir, enumere.

4. Qual foi o gatilho?

5. O que o gatilho o lembrou? Quem já tratou você desta maneira, talvez há muito tempo? Se você quiser, escreva algo sobre isso. Alternativamente, você pode contar a alguém sobre isso, mas idealmente não a pessoa que criou a ativação em você. Se você tiver sentimentos fortes que você queira descarregar enquanto escreve ou fala sobre isso, sinta-se livre para fazê-lo.

Se você é frequentemente ativado emocionalmente, faça este exercício regularmente para aprender a conhecer seus estados de ativação e seus gatilhos cada vez melhor. Como você pode lidar bem com isso será o assunto na Parte III.

por situações semelhantes. Por isso, pessoas que tiveram uma experiência de impotência no passado, passam a sentir assim seguidas vezes, mesmo que não corresponda à realidade. Se nos deparamos diante de uma situação assim (ou quando conseguimos perceber a semelhança a tempo), isso pode ser vantajoso: nossa herança emocional é ativada e podemos agora descarregá-la livremente.

Como já descrito, embora isso às vezes aconteça, pode ter consequências desagradáveis para o nosso entorno. O mais comum, porém, é a nova carga emocional, de alguma forma, comprimir ainda mais o antigo bloqueio emocional em nós. O que parece uma solução, só agrava o problema. Ao longo dos anos, este processo faz com que nossa mochila emocional carregue ainda mais fardos antigos e passe a ter um peso imenso.

## Um esclarecimento importante

Um passo importante no caminho para a saúde e competência emocionais é distinguir entre emoções e sentimentos, pois precisamos lidar com os dois de forma diferente. Confundi-los pode ter consequências devastadoras: podemos descarregar nossa bagagem emocional em nossos filhos e cairmos na ilusão de que estamos estabelecendo limites saudáveis com eles. O quadro da página 91 lista algumas características comuns de ativação emocional – isto é, o que sentimos quando nossa herança emocional foi acionada. O exercício pode ajudar você a inspecionar o conteúdo de sua própria mochila emocional. Na Parte III, entrarei em mais detalhes sobre como precisamos lidar com as cargas emocionais para evitar que elas causem estragos em nossas relações. Iremos conhecer o método mais popular de evitar as emoções.

# 3 – Quando não geramos emoções

É claro que as emoções só serão suprimidas ou anestesiadas caso elas sejam sentidas. Entretanto, se as emoções não forem nem ao menos geradas, elas não poderão causar qualquer desconforto. Como somos nós que geramos as emoções, podemos, consciente ou inconscientemente, interromper o processo. Quando evitamos certas emoções, evitamos também a interpretação das respectivas situações.

Se voltarmos à situação descrita no início do livro, na qual uma amiga me fez esperar em um café, surge outra possibilidade de interpretação que não foi discutida até o momento: a possibilidade de não fazer um julgamento. Podemos simplesmente sentar no café, sem tomar posições, não considerando nem bom nem mau, nem certo nem errado, nem terrível nem uma pena. Podemos simplesmente estar ali.

A capacidade de não fazer nenhuma interpretação, ou seja, observar e não ter um julgamento, é sem dúvida muito valiosa. Não é por acaso que professores espirituais ensinam exatamente isso há milênios: não julgar, ver o mundo e as coisas contidas nele sem preconceitos. Se deparar com o mundo sem julgamento e sem tomar uma posição nos dá acesso a um novo nível de experiência. Percebemos que as avaliações sempre refletem um determinado ponto de vista e que, quando abrimos mão de nosso ponto de vis-

PARTE II – O que bloqueia nossa habilidade emocional

ta, poderemos obter uma espécie de insight sobre a perspectiva do todo. Se revela para nós, então, a relatividade de cada opinião e cada avaliação, onde uma nova ordem pode existir. A capacidade de não julgar também é de grande importância para lidar com as nossas emoções. Através desta capacidade, a arbitrariedade de interpretações individuais torna-se bem clara e podemos ganhar maior flexibilidade para lidar com cada uma das forças emocionais.

Por mais valiosa que seja a capacidade de não julgar, nós negamos um outro plano de experiência não menos essencial: o mundo das relações. A relação surge a partir da referência entre dois ou mais pontos de vista ou opiniões. Onde não há opiniões divergentes, outros pontos de vista, o certo e o errado, o mau e o terrível, pode até existir a neutralidade nas opiniões, mas não o relacionamento.

No exemplo do meu colega de trabalho, tenho também a opção de não julgar a situação. Neste caso a vantagem é que nenhuma força emocional seria gerada e carregada por mim, sem necessidade, até a noite. Na verdade, isso seria ótimo!

A desvantagem da estratégia acima é que não existe relação entre mim e a situação ou, ainda, com o comportamento do meu colega. Para me relacionar com alguma coisa, preciso me confrontar com ela, preciso me posicionar. Faço isso fazendo uma interpretação. Ao interpretar a situação, o comportamento do meu colega, ou ambos, como certo, errado, ruim ou terrível, é gerada uma força que me permite entrar em uma relação viva com o ambiente. Se me recuso a fazer uma interpretação, seja por um determinado entendimento espiritual ou por desrespeito às forças das emoções, não haverá acesso à dimensão da vivacidade e da humanidade que vem através das relações. Posso escolher manter um estado sobre-humano de neutralidade. Mas então, infelizmente, deixarei de ser verdadeiro, humano, autêntico.

## A lacuna no sistema

Mesmo que haja um ajuste na produção de uma ou mais emoções, existirá inevitavelmente uma lacuna no sistema e na vida da pessoa. A falta de uma força emocional também é sentida em sua ausência – seja por falta de clareza ou desorientação, como na força da raiva, seja por indiferença e falta de apreciação à tristeza. A depender da força emocional que falta, a pessoa não terá acesso a certas habilidades. Se nenhuma das cinco forças é produzida, ela é descrita por sua extrema falta de empatia com os demais ou por sua completa indiferença.

Muitas vezes, na tentativa de compensar a falta de alguma força emocional, lançamos mão de emoções substitutas. Elas são desviadas, ou seja, são utilizadas em áreas em que não são realmente necessárias. Este fenômeno e suas consequências serão discutidos em detalhes no capítulo "Emoções desviadas".

Uma vez identificada qual é a força emocional que nos falta, podemos tomar a decisão consciente de examinar essa lacuna e criar a emoção. No início, pode ser difícil realmente sentir a respectiva força. Mas, quanto mais nos envolvemos com o estudo da essência daquela emoção, maior a probabilidade de possibilitarmos ao nosso sistema a produção de uma força que pode não ter sido experimentada em décadas.

# 4 – Simplesmente expressar ao invés de reprimir

Não é preciso entorpecer, suprimir ou bloquear as emoções para que elas não sejam sentidas. Podemos também extravasar nossas emoções com o único intuito de nos livrarmos delas. O nosso parceiro, as crianças, o vizinho – ofendemos e depreciamos quem quer que cruze o nosso caminho. Como descrito no capítulo anterior, trata-se de uma descarga emocional: em vez de sentir a minha raiva, grito com minha filha por um motivo qualquer.

Esta forma de evitar as emoções difere da expressão emocional responsável pelo fato de que as emoções não só deixam de ser sentidas, mas são também varridas para longe. Nós "explodimos" ou "caímos em prantos" – não usamos conscientemente aquela força. Tateamos às cegas à nossa volta, vertemos torrentes de lágrimas, mas, exceto talvez por uma profunda sensação de cansaço e desgaste, tudo continua o mesmo depois.

Podemos parar as nossas explosões emocionais, assim que entendemos que não estamos fazendo nenhum bem a nós mesmos nem ao nosso entorno. O pré-requisito é reconhecer e mudar os mecanismos ocultos que desencadeiam as emoções com tamanha intensidade. Um desses mecanismos é o feedback mental-emocional que discutiremos em breve. Dois outros mecanismos são o mau

## O PODER DAS EMOÇÕES

uso das emoções e as demandas absolutistas, que são discutidas em mais detalhes nos capítulos cinco e seis desta parte do livro.

## O mecanismo de feedback mental-emocional

Uma emoção saudável, ou seja, útil, é gerada a partir do momento em que uma interpretação se relaciona com o momento presente. Então, a energia flui para a situação e, de acordo com a força emocional, nos permite agir, aceitar, sermos criativos e assim por diante. Entretanto, quando o feedback mental-emocional entra em ação, a emoção gerada fica presa entre a mente e o plano emocional e estes passam a se retroalimentar.

Isto significa que a pessoa continua em um vai e vem do plano emocional para o plano mental e passando mais uma vez ao pensamento inicial. São geradas ainda mais emoções, o pensamento inicial é pensado novamente, mais sentimento é gerado, e assim por diante. Em vez da sequência natural "pensamento – emoção – efeito – nova situação", há um ciclo em que o pensamento e a emoção se atropelam um ao outro. A sequência aqui é: "pensamento – emoção – emoção – pensamento – emoção – emoção" e assim por diante.

Na imagem da máquina de vendas emocional, isto é como tentar saciar nossa sede enchendo o copo repetidamente, mas sem beber nem ao menos um gole. Em vez disso, jogamos a bebida fora para que possamos encher o copo novamente, na crença equivocada de que assim mataremos a nossa sede.

Usando o exemplo do colega de trabalho mais uma vez, isso significa que meus pensamentos voltam repetidamente à interpretação de que seu comportamento estava errado, de como estava errado e por que estava errado. Podemos manter monólogos interiores infinitos tentando justificar o mundo para nós e, com cada erro encontrado, criamos mais uma dose de raiva. Às vezes variamos a ladainha: às vezes é errado, depois é uma vergonha e talvez mais

PARTE II – O que bloqueia nossa habilidade emocional

tarde seja terrível. No processo, fazemos um delicioso coquetel de emoções, só que trata-se apenas de mais uma estratégia para se evitar as emoções. A interpretação apressada, muitas vezes acompanhada ainda por uma história dramática, nos impede de sentir a emoção. Entretanto, este é o pré-requisito básico para que vivenciamos a emoção dentro de nós e só então ela poderá atuar como uma força.

O feedback mental-emocional nos adoece a curto ou longo prazo, pois uma quantidade enorme de emoções é gerada e, no entanto, não encontram um propósito. O mesmo acontece quando fazemos mau uso das emoções, assunto do próximo capítulo.

# 5 – Emoções alienadas

Uma das maiores confusões feitas com as emoções é causada pelo seu mau uso. Isto significa que usamos a emoção contrária à natureza de sua força e também que a usamos em situações que requerem realmente a força de outra emoção.

Um exemplo comum é quando encaramos a morte de uma pessoa querida com raiva desesperada ao invés de tristeza. Frequentemente confundimos emoções: alegria e tristeza, raiva e vergonha, vergonha e alegria – para citar apenas algumas. Mais uma vez, podemos voltar ao exemplo da máquina de vendas automática para ilustrar: pressionamos o botão que diz água e não vem água, mas, limonada. Ou apertamos o botão da limonada, quando na verdade precisamos de um copo de água para saciar nossa sede.

Ocorre que na maioria das vezes em que confundimos, ou fazemos mau uso das emoções, é porque fomos reprimidos de sentir determinadas forças emocionais. Por exemplo, se aprendemos que a raiva é uma emoção errada, que somente os fracos choram ou que o medo é para os covardes, então passa a existir em nós uma lacuna. Falta a força natural da respectiva emoção. Se mais tarde nos deparamos com uma situação que nos parece de fato errada, infeliz ou terrível, não saberemos como lidar com ela.

A nossa capacidade natural para lidar com a situação foi perdida ou nos foi proibida. Nesse caso, somos forçados a encontrar outras soluções. Passamos a observar como a nossa mãe, o nosso pai ou outras pessoas que nos servem de modelo lidam com situações parecidas. E nós experimentamos para ver qual estratégia tem sucesso. Será que nós tentamos nos afirmar indiretamente, caindo em prantos de uma maneira particularmente dramática? Será que os outros nos evitam quando sentimos medo e explodimos de raiva?

A interpretação errada na hora errada significa que, apesar de termos nos posicionado e gerado uma emoção, nossa perspectiva da situação será limitada. Não é porque nossos pais tentaram remover todos os obstáculos do nosso caminho que utilizar a estratégia de gerar tristeza ao invés de raiva funcionará em nossa vida adulta. Opostamente, sentir raiva ao invés de tristeza diante de um sinal vermelho é um bom exemplo de como o emprego inadequado de uma força emocional não nos favorece. Considerar que o sinal vermelho está errado não me beneficia, já que não posso mudar o fato de que ele está vermelho. Na melhor das hipóteses, a força da raiva, que por si só é uma força ativa e orientadora, fará com que meu pé pise no acelerador, agindo contra o meu melhor interesse. Mas se eu me controlar a ponto de não pisar no acelerador, o motor irá superaquecer só dentro de mim.

A seguir, falaremos um pouco sobre a ausência de cada emoção e o que acontece quando a força que falta é substituída pelas demais forças. Podem, é claro, faltar diversas forças em uma única pessoa ou pode existir o caso de uma única força ser compensada por outras. Abordaremos apenas brevemente cada um dos fenômenos, pois ir além não é a intenção deste livro. No entanto, as informações contidas aqui são suficientes para se compreender as características básicas de cada fenômeno e explorar cada uma mais a fundo em nossas próprias vidas.

## Ao invés da raiva

A raiva é considerada ruim por ser frequentemente associada a radicalização violenta e a agressão. Desde a infância, as pessoas aprendem, de maneira direta ou indireta, que a raiva é uma emoção má. Isso é transmitido de forma direta pelos pais ou as crianças concluem isso através do exemplo negativo dos próprios pais. Caso o pai ou a mãe tenham uma relação imatura com a força da raiva e por isso se tornem adultos muito feridos, as crianças perceberão por si só que essa emoção é um tabu.

Mas o que acontece em seguida? O que faz a criança quando não tem a possibilidade de determinar que algo está errado e reagir à altura? Como ela irá lidar com as situações em que deseja agir, modificar algo, estabelecer um limite, se defender, se posicionar? A não ser em casos extremos, a criança não irá se resignar completamente e, sim, recorrer a outras emoções, reagirá com tristeza, medo, alegria ou vergonha.

**Tristeza**: Quando reage com tristeza em vez da raiva, nos negamos a mudar qualquer coisa. Agimos como se não tivéssemos qualquer poder de influenciar o nosso meio. Nos tornamos a síntese de uma vítima indefesa. Colocando de uma forma exagerada, nos resignamos e dizemos que a situação é simplesmente ruim. Sofremos enormemente pelas coisas e suas imperfeições, mas não temos impulso nenhum para agir. Além disso, nos falta a capacidade de distinguir entre as coisas que não podemos mudar e aquelas que podemos. A vida se torna um sofrimento que precisamos de alguma forma. A única chance que nos resta é alguma pessoa bondosa se apiedar de nós, pobre criatura, e resolver a situação em nosso lugar. Um fator coadjuvante da origem da depressão é a supressão da raiva em nome da tristeza, que acaba por nos aprisionar à uma dor indefesa que pode ser tudo, menos libertadora.

**Medo**: Quando sentimos medo ao invés de raiva, estamos negando a nossa própria capacidade de agir, porque permanecemos paralisados diante da situação que julgamos terrível. Ao invés de nossos olhos se encherem de lágrimas até turvarem a clareza da nossa visão, assim como no exemplo anterior, preferimos fechar os olhos com força. Quando interpretamos tudo como sendo terrível, fingimos que tudo é desconhecido para nós. Então experimentamos as coisas como se estivessem além de nossa área de atuação.

Nosso padrão de agir é "Eu não sei nada, não posso fazer nada, sinto medo". Nossa atitude é de impotência perante o curso dos acontecimentos e das pessoas próximas, somos incapazes de modificar ou influenciar o resultado de seja lá o que for.

**Alegria**: Quando substituímos a raiva pela alegria, negamos que haja algo de errado com o mundo. Tudo com o que nos deparamos é encoberto por um: "Que bonito!" cor-de-rosa, que de modo algum corresponde a um amor profundo pela vida, e mais se parece com um mecanismo de repressão radical. Qualquer coisa que não se encaixe em nosso plano é simplesmente negligenciado ou reinterpretado. Nas fases mais difíceis, declaramos os problemas sem importância ou negamos a sua existência.

**Vergonha**: Com muita frequência a raiva é substituída pela vergonha. Aqui a interpretação de que algo está errado, que na verdade deveria ser exteriorizada, passa a ser interiorizada. Culpa-se a si mesmo por tudo e também pelo que está errado no mundo. Criamos a ilusão de poder modificar alguma coisa, enquanto afastamos a raiva maligna. Já que as circunstâncias erradas existem apenas em nossa imaginação, nossa capacidade de influência não passa de mais uma ilusão.

## Ao invés da tristeza

A percepção da tristeza é tida como negativa uma vez que é considerada uma emoção delicada, fraca e feminina. Muitas vezes é sugerido, principalmente aos meninos, evitar essa força ou, ao menos, disfarçá-la. A tristeza é uma indicação de fraqueza, desamparo e vulnerabilidade, e não são, portanto, qualidades que trazem reconhecimento positivo para o menino ou para o homem. Mas, também as meninas são censuradas. São chamadas de bebês choronas e ridicularizadas em sua vulnerabilidade. Assim como no caso da raiva, existem crianças que também seguem o exemplo negativo de seus pais quando o assunto é a tristeza. Quando a mãe tende a cair em prantos ao invés de dizer ao pai o que realmente pensa, as crianças passam a sentir desprezo pela fraqueza da mãe. Elas dizem a si mesmas, "Não quero ser assim".

Em ambos os casos surge uma lacuna no sistema, pois na vida todos enfrentamos situações que gostaríamos que fossem diferentes do que são. Quando nos falta a força da tristeza, então alguma outra força preenche essa lacuna. Ao invés da tristeza, intervimos com o uso de outra força, raiva, medo ou vergonha, para compensar a falta de algum modo.

**Raiva**: Se nos acostumamos a sentir raiva ao invés de tristeza, seremos muitas vezes confrontados dolorosamente com os nossos próprios limites. Perdemos a razão, criamos um turbilhão interno e, não raro, externo também, pois não sabemos o que fazer com aquela força gerada inconscientemente tantas vezes. Uma circunstância natural como a morte não será modificada sequer através da força da nossa raiva. Se a capacidade de se entristecer não consta em nosso vocabulário emocional, a resposta mais comum a uma situação indesejada será reagirmos com raiva e mais raiva. Muitas vezes sentimos ainda mais raiva porque achamos que sentir raiva é errado. Se tivermos sorte, nos desiludimos diante de tantos esforços furiosos e acabamos por reconhecer nossas próprias limitações. Mas, em geral, a raiva se acumula em nosso sistema, tornando-se bloqueios emocionais nocivos e levando até a doenças físicas.

**Medo:** Se a tristeza é substituída pelo medo, não haverá o discernimento entre o que é doloroso e o que é assustador. A distinção, entretanto, é decisiva. Podemos aceitar algo que é doloroso, mas não o que é assustador. Em face de algo assustador, nos deparamos com o desconhecido e também com o que é potencialmente ameaçador. A vida se torna uma armadilha quando tudo o que é ameaçador nos atormenta. Vivemos em uma realidade interna onde tudo o que é diferente do que gostaríamos que fosse é uma ameaça em potencial para nós. Estamos convencidos que é impossível simplesmente aceitar determinadas coisas, sem que isso represente um risco para nós.

**Alegria:** Permitimos que a alegria tome o lugar da tristeza quando nos negamos a aceitar uma perda ou que algo não correu como imaginávamos. "Bem, de qualquer forma, é melhor assim...", é algo que se costuma dizer nesse caso. Ao fazermos isso, não evitamos apenas a dor do luto, mas evitamos também o reconhecimento do nosso desejo original ou daquilo que perdemos. A arbitrariedade que eventos e relacionamentos assumem em nossas vidas não torna nossa existência mais fácil, torna-a superficial.

**Vergonha:** Do mesmo modo, quando sentimos tristeza ao invés de vergonha, deixamos de aceitar o que não nos agrada como parte inevitável da vida. Se algo é simplesmente triste, passa a ser aceito e deixamos como está. Se, ao invés disso, nos culpamos, conservaremos uma crença ingênua e infantil. Se não fôssemos tão falhos ou maus e perversos, isso ou aquilo não teria acontecido. Deste modo, temos uma rota de fuga sempre disponível, pois podemos mudar o rumo das coisas quando finalmente formos perfeitos

## Ao invés do medo

O medo é mais uma emoção que está naturalmente associada à impotência e à fraqueza e tem, portanto, má reputação. Aprendemos que o medo é um perigo que nos paralisa e que leva à um beco sem saída. Quando crianças, percebemos que ao menor sinal de medo debochavam de nós. Além disso, muitos pais ensinam a seus filhos – especialmente meninos – que o medo é uma emoção negativa.

Mas sem o medo ficamos presos nos limites do que é conhecido e familiar, já que o medo é a força que nos impele para novos territórios. Como lidamos com essas limitações depende de pessoa para pessoa. Uma se enraivece, outra fica triste, uma terceira pessoa se mantém desesperadamente presa à alegria e uma quarta se esconde por detrás da vergonha.

**Raiva**: A raiva é muitas vezes a reação que homens e meninos aprendem como sendo a forma adequada de lidar com o medo. É como se não houvesse lugar para o desconhecido em nossas vidas. Portanto, o desconhecido não é percebido como desconhecido, mas como sendo algo que está errado. E aquilo que não pode ser modificado será atacado, sabotado. A violência contra estrangeiros ou imigrantes é um exemplo clássico de quando o medo é substituído pela força da raiva.

**Tristeza**: Sentir tristeza ao invés de medo nos mantém igualmente presos às limitações do conhecido como a tristeza no lugar do medo. A única diferença aqui consiste em não atacar o que conhecemos, e sim, chorar resignados diante do muro que separa o conhecido do desconhecido em nossa vida. Ao invés de nos entregarmos ao medo, que ao menos reconhece que do outro lado do muro a vida continua, nós afundamos em triste resignação. A fronteira deixa de ser uma fronteira da qual sentimos medo, para

PARTE II – O que bloqueia nossa habilidade emocional

se transformar em um obstáculo intransponível. Intransponível apenas porque nossa tristeza assim o determinou, porque nossa tristeza a definiu e a aceitou como permanente.

**Alegria**: Ao tomar o lugar do medo, a alegria se manifesta de forma semelhante de quando substitui a tristeza ou a raiva. Só reprimimos aquilo que gostaríamos que fosse diferente. Fingimos não nos interessar pelo que está além, preferimos ficar confinados ao nosso interior, limitados por um beco sem saída. Ocultamos, suprimimos tudo aquilo que não nos agrada.

**Vergonha**: Quando sentimos vergonha ao invés de medo, criamos a ilusão de que o desconhecido não seria um problema, caso fôssemos perfeitos. Pensamos ser nossa responsabilidade não conseguir lidar com as coisas, que a culpa é nossa quando nos sentimos mal e desconfortáveis diante de uma situação. Tentamos ser um super humano, que age com confiança e calma em qualquer situação, como se já tivesse experimentado aquilo mil vezes antes. Como resultado, criamos mais uma vez expectativas irreais que não podemos atender.

### Ao invés da alegria

Por mais que possa parecer absurdo à primeira vista, a alegria também é uma emoção que nos é muitas vezes proibida. Por exemplo, quando diante de um motivo real e de uma forma bem direta nos chamam de egoístas e desaprovam a nossa alegria. E também de forma indireta, a exemplo de nossos pais, que também examinavam tudo com muito cuidado antes de esboçar o mínimo de satisfação e, no caso de dúvida, continuavam suas críticas.

Muitas crianças aprendem que não devem ter reações efusivas diante de boas notas ou um evento divertido para que outros não sintam inveja. Aprendemos que pode vir a ser um problema demonstrar abertamente a alegria, uma vez que nem sempre estamos cercados por amigos que verdadeiramente se alegram junto conosco. Inúmeras vezes experimentamos que a simpatia de nossos amigos é maior diante de nossos ditos sentimentos negativos do que diante da nossa alegria. Ditados como "Não se deve elogiar o dia antes da noite chegar" ou "Celebramos cedo demais" nos dizem que não devemos nos alegrar sem motivo.

**Raiva**: É comum a raiva surgir na forma de críticas. Não se pode simplesmente contemplar a situação feliz em paz, é preciso criticar, encontrar falhas ou enumerar os riscos em potencial. O foco é colocado no que pode dar errado, na tentativa de evitar se alegrar à toa. Em casos extremos, você de fato se enfurece ao ver como as pessoas podem se alegrar sem perceber tudo aquilo que está errado, os riscos e perigos envolvidos. A maior das alegrias pode morrer diante de um comentário sarcástico ou uma crítica mordaz.

**Tristeza**: Com frequência, a tristeza toma o lugar da alegria diante dos eventos mais maravilhosos, aqueles que superam todas as expectativas. Vivenciar tal alegria traz à tona a tristeza de tempos menos felizes. Lamentamos o tempo em que as coisas não eram como elas são agora. Em casos extremos, após experiências traumáticas, o mais leve indício de beleza pode nos trazer lágrimas aos olhos. Esta reação pode ser terapêutica, já que expulsa gradualmente de nosso sistema a dor reprimida e ajuda a aceitar o passado como ele é. Este intercâmbio só se torna nocivo quando a dor não se associa à alegria com a intenção de aceitar o passado, e sim, para evitá-la completamente. Então, a dor é ressentida ao invés de ser liberada. No caso da depressão, a própria dor é *uma pena* – um círculo vicioso que inevitavelmente leva a um abatimento cada vez mais profundo.

**Medo**: Muitas vezes se sente medo ao invés de alegria. Ao invés de se alegrar porque algo corre bem, é preferível se concentrar no fato nem tão absurdo, de que aquela situação pode mudar a qualquer momento. O medo é um sinal para o desconhecido. Se isso é motivo para se alegrar, sentir raiva ou tristeza, só saberemos quando o desconhecido não for mais desconhecido para nós.

**Vergonha**: Às vezes a vergonha também toma o lugar da alegria. Qualquer um é capaz de reagir a algo agradável com vergonha, como no caso de um elogio sincero. Isso fica óbvio quando coramos de vergonha, mas, também acontece quando enumeramos motivos demonstrando que aquilo nem é tão significativo assim. A vergonha serve, em certa medida, como uma importante função de defesa social. Aquele que se envergonha ou fala negativamente de si próprio, não corre o risco de perder simpatia alheia por inveja. Porém, em casos extremos, sentir vergonha no lugar de alegria leva a uma forte incompetência social. Quando sorrio, ou seja, demonstro alegria, comunico ao outro a minha aprovação. Se este sinal simples não é acolhido porque todo "Você é bom" é automaticamente convertido em "Eu sou errado", isso pode levar à incapacidade de ser amado e apreciado.

## Ao invés de vergonha

A vergonha foi um sentimento que já foi muito comum e que perdeu a sua popularidade ao longo das últimas décadas. No passado, frases como "Você deveria sentir vergonha" eram parte importante de quase toda retórica educacional, especialmente no caso das meninas, mas parece que hoje esta tendência mudou radicalmente. A vergonha passou a ser uma emoção que as crianças não devem sentir. A vergonha é equiparada a falta de personalidade, falta de autoconfiança e inação. Sentir vergonha é algo errado. O exemplo dos pais, que raramente aceitam e olham para o erro pelo o que ela é, não ajuda exatamente as crianças a incluir a vergonha em seu repertório emocional. No entanto, não há uma forma natural de lidar com as próprias fraquezas, podemos desenvolver estratégias de substituição. Como alternativa, as demais emoções – raiva, tristeza, medo ou até mesmo a alegria – irão preencher a lacuna que se criou de alguma forma.

**Raiva**: a raiva, diferente da vergonha, é particularmente valorizada nos meninos e é, portanto, mais comum nos homens que nas mulheres. O pensamento básico nesse caso é: "Não estou errado. Se algo me diz que eu estou errado, então é isso que está errado". Se compensamos a lacuna no sistema é dessa forma, isso nos torna pessoas altamente incapazes de lidar com crítica, qualquer que seja a forma. Todo tipo de feedback, com exceção dos elogios, será recebido como uma agressão. Isto pode tomar a forma de um contra-ataque crítico e racional, um jogo de culpa cruel, uma troca de insultos ou até mesmo do uso da força física.

**Tristeza**: Assim como acontece com outras formas de supressão da tristeza, quando substituímos a tristeza pela vergonha, isso muitas vezes nos leva a depressão. Ao invés de se permitir sentir real vergonha diante das próprias imperfeições, a pessoa se deprime diante delas. Embora ficar triste perante minhas próprias falhas me ajuda a aceitar aquelas fraquezas que não posso modificar, a tristeza não vai colaborar com aquelas coisas que eu posso e devo mudar. Como já foi mencionado, a força da vergonha reúne todas as forças emocionais. E apenas combinando as quatro forças é que chegamos a uma forma real e valiosa de autorreflexão.

**Medo**: Muitas vezes sentimos medo ao invés de vergonha quando mantemos a ideia de que temos que ser perfeitos. E quando estamos diante de uma situação que evidencia a nossa imperfeição, nós sentimos medo. Ficamos assustados por achar que vamos encontrar algo ali que não deveria existir. Muitas vezes nos convencemos de que se não formos perfeitos, os outros nos deixarão. E infelizmente, esse medo muitas vezes se confirma quando, por medo, deixamos de fazer qualquer coisa achando que vai dar errado. Isso nos impede de estar em contato com as pessoas que são importantes para nós. Isso literalmente nos aprisiona.

**Alegria**: Quando a alegria toma o lugar da vergonha em um âmbito maior, o social, o que antes era visto como errado passa a ser visto como certo. Isto pode ter um impacto forte, libertador até, que transforma a vivência de princípios morais de sociedades inteiras. Um exemplo disso foi a mudança nos conceitos morais e sexuais que ocorreu no Ocidente durante os anos sessenta e setenta do século passado. Outro exemplo são os homossexuais que saem às ruas em desfiles para encenar sua orientação sexual de uma forma alegremente provocadora. Entretanto, assim como as outras substituições emocionais, a alegria ao invés da vergonha pode se tornar uma armadilha. Se simplesmente elevamos nossas próprias fraquezas ao nível de qualidades, podemos prejudicar os outros ou a nós mesmos. Um exemplo drástico disso é a tendência dos viciados a glorificar seu próprio vício quando se torna impossível negá-lo. Quando nos sentimos acima do bem e do mal perdemos a capacidade de praticar a autorreflexão honesta. Abordaremos isso no próximo capítulo: em nossas certezas absolutas

# 6 – Certezas Absolutas

Por mais importantes que sejam as causas de sofrimento emocional mencionadas até agora, não podemos nos curar emocionalmente sem uma compreensão nossa. As certezas absolutas são as raízes do sofrimento emocional.

Uma certeza absoluta é baseada na ideia de que algo está absolutamente errado ou absolutamente certo. Portanto, ela difere de uma interpretação na medida em que não definimos o certo e o errado como valores pessoais, mas afirmamos que nossa definição é absolutamente válida.

As certezas absolutas, assim como o sofrimento emocional, são muito comuns. Todos temos. Todos temos crenças, opiniões, pontos de vista que são tão naturais que jamais sonhamos questioná-los. Certas coisas são exatamente assim, corretas ou simplesmente erradas, nem se discute.

Temos certezas absolutas que se referem a pequenas coisas, tais como "o atraso é algo absolutamente errado" ou "as pessoas devem ser sempre simpáticas, educadas e atenciosas umas com as outras". Outras dizem respeito a questões muito maiores, como a crença de que não deveria haver guerra porque toda guerra é um erro, ou ainda, que não deveria haver abuso de crianças, isto está absolutamente errado.

PARTE II – O que bloqueia nossa habilidade emocional

Vamos esclarecer uma coisa: é claro que eu gostaria de viver em um mundo sem guerras ou sem o abuso infantil. Todos os dias me dói saber o que acontece neste mundo. Mas, só quando deixo de lado a rigidez de que isto não deveria existir, tenho a oportunidade de me relacionar com esses fatos – e de alguma forma contribuir para a mudança.

E estou muito feliz por viver em uma época em que um número crescente de pessoas parece compartilhar o desejo por um mundo sem guerra e sem abuso infantil. Por exemplo, eu vivo em uma sociedade que coletivamente decidiu que o abuso infantil é errado e deu expressão a essa interpretação através de uma legislação apropriada. Sinto que isto está certo, pois está de acordo com meus desejos. Entretanto, esse fato não dá garantia absoluta de que o abuso infantil não vai acontecer.

Portanto, ainda precisamos de pessoas que se preocupem e que estejam dispostas a trabalhar nas mais diversas causas. No entanto, o uso de certezas absolutas impede precisamente isso: nos escondermos atrás de verdades, que aparentam ser universalmente válidas e absolutas. Ao fazer isso, entregamos nossa responsabilidade para poderes superiores imaginários ou concedemos a nós mesmos poderes que não correspondem à realidade. Além disso, isso pode ter efeitos sérios sobre nosso equilíbrio emocional. A seguinte história demonstra como isso ocorre.

## A história com o vizinho

Gostaria de ilustrar o efeito de reivindicações absolutas a um nível emocional com um exemplo concreto, menos dramático. Quando nosso vizinho, por razões completamente incompreensíveis para nós, resolve começar uma pequena obra em seu apartamento às dez e meia da noite, a maioria de nós achará que isto é errado. Sentimos assim, porque geralmente por volta desse horário gostamos de paz e tranquilidade. Quanto mais barulho ele fizer,

O PODER DAS EMOÇÕES

mais errado estará. No entanto, se esta opinião é uma interpretação pessoal ou uma certeza absoluta, faz uma enorme diferença para o impacto emocional que a situação terá sobre nós. Uma interpretação está diretamente ligada às minhas necessidades pessoais. Quando faço uma interpretação, gero apenas a força de raiva necessária para reagir naquele momento específico. Por exemplo, cria a força necessária para ligar ou tocar a campainha do vizinho e educadamente, mas, de forma clara, pedir que ele faça silêncio. Se o vizinho acatar meu pedido e interromper o seu trabalho, a interpretação e a força de raiva geradas cumpriram sua tarefa. A situação termina ali. Não existirá nenhum excesso de raiva porque nenhum excesso de raiva foi criado.

No entanto, se o vizinho decidir, apesar de nosso pedido claro, continuar fazendo buracos na parede, podemos novamente interpretar isso como algo errado, já que nossa necessidade não foi atendida. Podemos até acrescentar ainda mais um erro, já que além de tudo tínhamos o desejo de ser ouvidos e respeitados. A força de raiva gerada agora será suficiente para a próxima etapa – seja ela uma reclamação à empresa de administração do prédio ou telefonar para a polícia. Como essa interpretação se refere diretamente às minhas necessidades nessa situação específica, a força da raiva é gerada com a intensidade suficiente para executar uma ação. Não sobrará nenhum excedente de raiva dentro de nós.

Mas, se considerarmos que as ambições noturnas do nosso vizinho "faça-você-mesmo" estão erradas, não apenas de um ponto de vista pessoal, mas em um sentido absoluto, então isso tem um impacto emocional completamente diferente. A posição de que está absolutamente errado fazer furos na parede para uma prateleira às 22h30 e que toda a vizinhança seja lembrada do desconforto de sua última visita ao dentista, é claro, é perfeitamente compreensível. Não só é compreensível, como também parece muito apropriada à primeira vista. Certo e errado não é uma questão de inter-

114

PARTE II – O que bloqueia nossa habilidade emocional

pretação, assim como justo e injusto também não são. O fato de vivermos em uma sociedade onde aparentemente muitas pessoas compartilham nossa necessidade de descanso à noite significa que temos leis e regras que a protegem. Posso ver isto como uma prova adicional para considerar minha opinião não como uma questão pessoal, mas como absolutamente correta. Estamos certos e nosso vizinho está errado e, em caso de dúvida, as diretrizes e regras do condomínio, assim como inúmeras decisões judiciais confirmaram nossa posição. Não se trata apenas de uma opinião pessoal, mas de uma opinião absolutamente correta. Se sou eu ou se é meu vizinho, não há dúvida de quem tem que colocar suas necessidades de lado. Portanto, à primeira vista, esta definição absoluta de certo e errado parece até mesmo proteger a nossa paz de espírito.

Entretanto, um olhar mais atento revela que exatamente o oposto é verdade. Ao nos convencer de que é absolutamente errado, a ação do vizinho se torna algo "impossível" em nossa percepção, algo que na verdade não deveria existir. Como resultado, não estamos apenas zangados, mas profundamente indignados. Em vez de apenas gerar a força de raiva necessária para agir, geramos uma raiva capaz de confrontar todos os vizinhos do passado, presente e futuro. A força da raiva gerada nesse caso excede em muito o que a situação exige, porque vemos em nosso vizinho não apenas uma pessoa que está fazendo algo desagradável, mas ele passa a ser a personificação de tudo o que está errado no mundo. *Absolutamente errado*. Nos sentimos vítimas de um mundo mau por ele existir. Dependendo de nosso temperamento, respondemos a isso com reclamações lamuriosas sobre como as coisas deveriam ser diferentes ou decidimos brigar contra as injustiças do mundo.

De qualquer forma, o resultado é dramático. Se nós lamentamos ou lutamos, pois a paz noturna foi interrompida, nossa necessidade pessoal de sono já deixou de ser uma questão há muito tempo. A questão passou agora a ser sobre o que é *certo* e o que é *errado* no sentido absoluto. Sobre o que é certo e *bom*. E também sobre o que não deveria ser, sobre o que não deveria existir, sobre "o impossível".

Assim, a certeza absoluta não promove nossa paz de espírito, mas nos leva a gerar sentimentos de uma intensidade que é desproporcional à situação em questão. Isto acontece porque uma certeza absoluta em relação a qualquer situação tem um nível secundário de significado. As coisas deixam de ter uma sucessão natural, intrinsecamente neutra, e é dado um significado novo e dramático.

## O que faz uma boa história

Os modos e mecanismos das certezas absolutas podem ser notados particularmente bem na estrutura das sagas, contos de fadas, histórias, novelas e filmes de Hollywood. Independente da cultura, toda boa história baseia-se em uma certeza absoluta. O que dá a uma história emocionalidade, tempero, fatos, drama e uma aparente relevância, é a ideia de que algo pode estar absolutamente certo ou absolutamente errado. Portanto, uma boa história é sempre sobre uma suposta integridade das coisas em um sentido absoluto, sobre objetivos nobres, sobre o triunfo do bem sobre o mal.

A guerra de uma mulher contra o câncer "à la Hollywood" deixa de ser sobre a luta de um indivíduo para sobreviver, mas sim é a luta da humanidade pelo direito à vida, uma luta contra demônios chamados de doença e morte. A luta de um homem contra a discriminação deixa de ser a respeito da luta de um homem por melhores condições de vida, para se tornar a luta por todos aqueles que sofrem discriminação no mundo. Trata-se da demanda absoluta por justiça. O luto pela morte de uma criança não envolve a aceitação do fato em si e se torna uma apologia da ideia de que as crianças não devem morrer, de que alguma coisa está muito distante do correto.

As histórias de ficção têm, obviamente, uma grande vantagem sobre a vida real: diretores, roteiristas e autores determinam como elas devem terminar. E quando não se tratam de experiências artísticas, as histórias têm sempre um fim belo e impecável, assim como achamos que deveria ser. E é claro que antes acontecem muitas voltas e reviravoltas incríveis e dramáticas onde parece que o bem não vai ter a menor chance. Mas quando a história termina, o vilão é punido, o cavaleiro liberta sua princesa e a justiça é restaurada. Nossas certezas absolutas foram satisfeitas.

## A vida não é uma história

Por mais que eu não goste, a vida não é uma história. Não segue um roteiro e por isso nossas certezas absolutas têm o efeito oposto na vida real do que têm na tela: não apenas nos frustram, mas também nos fazem mal. Quanto mais convencidos estamos de que a vida deveria seguir nossas reivindicações, mais infelizes nos tornamos. E independe do quanto moralmente superiores, reflexivas ou *sábias* sejam nossas reivindicações absolutas. Portanto, o grau de nossa infelicidade não tem nada a ver com o conteúdo, mas com o quanto estamos convencidos de sua importância. Quando meu ponto de vista pessoal possui um tom absoluto, tento me transformar em uma autoridade próxima a um deus. Não consigo reconhecer que minha perspectiva – com todas as suas necessidades – é apenas uma entre milhões de diferentes formas possíveis de ver o mundo. No final, me encerro no fato de que por mais que eu não aceite, algo que não deveria existir no mundo, sim, existe. Quanto maior for a presença dessa coisa supostamente impossível em mim, maior será minha indignação, meu desespero, minha impotência ao me defrontar com ela.

Quanto mais acreditarmos que algo está errado, mais evidências teremos de que aquilo está errado e será difícil abandonar a certeza absoluta associada à ideia. É relativamente fácil abrir mão de uma reivindicação absoluta que diz que o vizinho deve respeitar o silêncio às onze da noite. Mas, quanto mais pessoas, legisladores, escrituras religiosas ou pesquisas científicas validarem uma certeza absoluta, mais difícil é abrir mão dela. Desistir, entretanto, é muito importante por duas razões. Primeiro, porque senão criamos grande sofrimento emocional para nós mesmos, e segundo, porque somente enfrentando os fatos temos a possibilidade de alcançar efetivamente uma mudança.

Enquanto não percebermos que, além da prerrogativa pessoal de que uma situação não satisfaz nosso próprio anseio mas, que além disso, incorporamos um peso absoluto, não aprenderemos a reagir adequadamente. Ora nos escondemos por trás de nossa crença e esperamos que alguém advogue por nós. Ora nos engajamos em uma guerra santa que geralmente causa mais danos do que o mal que queríamos originalmente combater. A história está repleta de exemplos de cruzadas violentas. Uma mudança efetiva requer contato com aquilo que é. Requer aceitação através da força de nossa tristeza, vontade de mudar através da força de nossa raiva, e abraçar a incerteza através da força de nosso medo. Também requer a capacidade de questionar continuamente as nossas ações, nossas próprias necessidades e nossas interpretações. E, claro, também precisamos da força da alegria, que nos conecta com os nossos desejos e necessidades e nos faz sentir que vale a pena fazer um esforço!

Portanto, enquanto uma interpretação pessoal nos permite atuar efetivamente no mundo, uma certeza absoluta faz exatamente o contrário. Ela nos priva da possibilidade de nos relacionarmos com o que é, porque não consideramos que aquilo é adequado. Uma certeza absoluta diz que aquilo que se apresenta neste momento não deve existir. Somente aquilo que queremos.

### Sombra ao invés de força

Na Parte I relacionei uma expressão de sombra a cada sentimento, mas sem dar mais detalhes sobre suas causas. Eu gostaria de

PARTE II – O que bloqueia nossa habilidade emocional

---

### Exercício 5 – Reconhecer uma certeza absoluta

Escolha uma área da vida na qual você está sofrendo emocionalmente e vá em busca da certeza absoluta.

As seguintes perguntas podem ajudar:

1. O que teria que mudar por fora para que eu parasse de sofrer?

2. O que há de tão errado com esta situação ou esta pessoa que ela não deveria existir? O que é simplesmente "inaceitável"?

3. O que eu acho que deveria ser diferente?

Este exercício trata, em primeiro lugar, de reconhecer a certeza absoluta da situação. Seja honesto consigo mesmo, porque é sua única chance de assumir a responsabilidade por seu sofrimento emocional. E é apenas assumindo a responsabilidade que você poderá mudá-lo.

---

fazer isso neste momento. É sobretudo nossa pretensão de absolutividade que leva uma emoção não ser vista como uma força, mas como uma sombra. Falarei sobre esta dinâmica das forças emocionais com mais detalhes.

A força de uma emoção se apresenta quando entramos em contato com nossas próprias necessidades e encontramos uma maneira madura de lidar com elas. Veremos o processo de alinhamento com uma força emocional com mais detalhes na Parte III.

## Raiva: destruição ao invés de clareza

A sombra da raiva é a destruição e esta é também a razão pela qual a força da raiva tem uma reputação tão má. Ao invés da força da clareza, da moderação, do posicionamento e da decisão, muitas pessoas só conhecem o aspecto sombrio da raiva cega, que pode destruir relacionamentos e transformar planos de vida em escombros e cinzas. A força motriz por trás de um furacão é, assim, sempre uma certeza absoluta. Não é a raiva em si que é destrutiva. Ela se expressa desta forma, quando alimentamos a convicção de que estamos defendendo algo absolutamente certo ou que é nossa tarefa pôr um fim a algo absolutamente errado.

Voltando à história do vizinho, é fácil imaginar que caminhos destrutivos a fúria excessiva poderia tomar, caso não abríssemos mão de nossa certeza absoluta. Como se estivéssemos possuídos por um demônio, poderíamos nos deixar levar a fazer coisas que nunca faríamos em circunstâncias normais. Poderíamos ir até o quadro de luz e cortar a energia dele. Ou poderíamos escrever uma carta anônima em tom ameaçador ou cortar os pneus de seu carro.

Por mais absurdos que estes exemplos possam ser, todos nós conhecemos pessoas que fizeram algo assim ou talvez já tenhamos nos pegado sussurrando ideias parecidas por causa de uma certeza absoluta.

O mecanismo é bastante simples: por acreditarmos que o outro está se comportando de forma absolutamente errada, nos permitimos também sair do âmbito habitual do que é certo e errado. Em um caso extremo, ideias absolutas transformam o comportamento do outro em uma licença para matar, simplesmente porque nossas certezas não foram atendidas. Não é de se espantar que o poder da raiva seja por vezes tão violento! Como passamos do lado sombrio para a força é o tópico da Parte III.

> **O lado sombrio das emoções:**
> - Raiva: Destruição
> - Tristeza: Passividade
> - Medo: Paralisia
> - Alegria: Ilusão
> - Vergonha: Autodestruição

## Tristeza: passividade ao invés de amor

O lado sombrio da tristeza é a passividade. É justamente este lado sombrio que leva tantas pessoas à depressão e que deu à tristeza uma má reputação. Ao invés da força do amor, da aceitação, da sabedoria e da apreciação, muitas pessoas só conhecem o lado sombrio da tristeza, que é como um vazio, uma desilusão, um sofrimento silencioso.

É uma certeza absoluta que transforma a dor em um verdadeiro pântano. Não é a tristeza em si. A tristeza ganha essa expressão quando é alimentada por uma convicção de que algo está absolutamente errado e não deveria ser do jeito que é. Nesse momento nos recusamos a nos relacionar de alguma forma com aquilo que se apresenta diante de nós.

Muitas pessoas lamentam terrivelmente tudo o que aconteceu e acontece em nosso planeta desde o início da era industrial: a destruição da floresta tropical, a poluição dos oceanos, a poluição do ar, apenas para citar alguns exemplos. Isto também me causa muita tristeza, assim como a muitas pessoas que conheço. É muito fácil cair na armadilha de usar as certezas absolutas e dizer que nada disso deveria estar acontecendo, que *deveria* ser completamente diferente, que o mundo não *deveria* ser assim. É muito difícil não cair nesse discurso tão convincente, tão lógico.

No entanto, pagamos um preço alto quando agimos assim. Se nos tornamos ecoterroristas, como faríamos se movidos pelo lado sombrio da força da raiva, terminaremos sucumbindo no lado sombrio da força da tristeza, na passividade do "Weltschmerz". E sem contar com a força da tristeza para abrir nossos corações ao que é verdadeiramente importante para nós: a preservação deste belo planeta e as muitas maravilhas de seus ecossistemas. Embora possa não estar ao nosso alcance garantir isso agora, se deixarmos de lado os absolutos, ainda podemos apreciar nossos desejos e ao mesmo tempo aceitar as coisas como são. Este é o pré-requisito para encontrar uma maneira construtiva de lidar com qualquer assunto, o que veremos com mais detalhes na Parte III.

## Medo: desânimo ao invés de criação

No caso do medo, o lado sombrio é o desânimo. Como já foi descrito na Parte I, muitas pessoas conhecem apenas esta expressão do medo e não conhecem o lado que traz consigo a novidade, a criação misteriosa, a magia. Por isso evitam essa emoção o máximo que podem. Pois quem quer se sentir desanimado?

Mas, assim como no caso da raiva e da tristeza, também há uma certeza absoluta por trás da expressão da sombra do medo. Não é o medo em si que nos paralisa. O medo se manifesta assim quando é alimentado pela convicção de que algo absolutamente errado está ameaçando nossa existência. Na Parte I, eu falei sobre como sentir "medo do medo" nos paralisa. Isto acontece quando o próprio medo é interpretado como algo absolutamente errado.

Um novo exemplo: nosso setor econômico está em crise e a empresa para a qual trabalhamos precisa fazer um corte de funcionários. Por alguma razão, nosso nome está na lista de funcionários que em breve estarão desempregados. É muito natural em um primeiro momento pensar que isso está errado e que deveria ser diferente. Mas, como nos exemplos anteriores, isto nos impede de lidar com a situação de forma apropriada.

Vamos supor que ao invés de sentir raiva ou tristeza, sintamos medo. Sentiremos um arrepio gelado e ficaremos quase sem ar. Uma vez nas garras do medo, não conseguiremos pensar claramente, o que dirá agir de acordo ou nos ajustar à nova situação. Somente se nós conseguirmos desistir da certeza absoluta e nos orientar para nossas necessidades, o medo poderá se abrir como uma força para nós.

### Alegria: ilusão ao invés de atração

A alegria também possui um lado sombrio: a ilusão. Esta manifestação da alegria pode nos causar dificuldades. Mais uma vez, é uma certeza absoluta que impede que a alegria se torne uma força. E mais uma vez, isso acontece porque não somos capazes de aceitar as coisas como são.

Neste cenário, a alegria é usada para se manter ou se criar uma ilusão. Esta ilusão pode ser a ideia de um casamento feliz, uma vida

PARTE II – O que bloqueia nossa habilidade emocional

familiar harmoniosa, ou um trabalho que nos preenche completamente, quando isso não corresponde à verdade. O clichê da esposa americana sorridente cujo marido está tendo um caso e os filhos estão constantemente drogados, é um retrato perfeito nesse caso. E a pessoa supostamente espiritualizada que olha cada situação com um sorriso hipócrita e que quer assim parecer especial ou iluminada, também é um ótimo exemplo. Ou a mulher que, após uma separação difícil com um alcoólatra, se une ao próximo bebedor compulsivo, iludida de que o hábito dele é aceitável.

Tudo aparentemente *lindo e perfeito*, não porque verdadeiramente são assim, mas porque finjo que as coisas são o que não são. Me acostumei a usar a alegria para cobrir e colorir tudo o que não se encaixa na minha imagem de perfeição, que se opõe à minha ilusão fantasiosa.

O aspecto negativo desse mecanismo, assim como ocorre com as expressões sombrias das demais emoções, é que a alegria não se desenvolve como uma força dentro de nós. A alegria não nos empresta mais o seu carisma nem nos torna atraentes. Ela não nos guia até a nossa missão de vida e também não nos permite brilhar. Em vez de aceitar nossos filhos como eles são, tentamos nos convencer de que tudo neles é maravilhoso. Agindo assim, deixamos nossos filhos sozinhos aos seus próprios medos, dúvidas, perguntas e fraquezas. O caminho para se recuperar a força perdida é atender às nossas necessidades. Como fazer isso, será visto a seguir. Antes, vamos olhar para a vergonha e como as nossas certezas absolutas influenciam o seu lado sombrio.

## Vergonha: autodestruição ao invés de auto-reflexão

Em sua expressão mais sombria a vergonha se torna autodestrutiva e, nos casos mais graves, até mesmo suicida. É precisamente este lado sombrio que torna a vergonha tão detestada. Nós nos condenamos brutalmente, tudo está errado, tudo está ruim, nada é apreciado.

123

O PODER DAS EMOÇÕES

Em sua expressão sombria, a vergonha diz que *eu estou completamente errado*. A conclusão paradoxal e extremamente embaraçosa é que existimos, mas de acordo com nossa própria avaliação não deveríamos existir ou que não deveríamos ter feito algo que já fizemos. Gostaríamos de sumir da face da terra e, na pior das hipóteses, é exatamente isso que fazemos. Outra faceta extrema da vergonha surgiu recentemente como a mais nova patologia popular, o Burnout. Com o passar do tempo, a incapacidade de se atender às próprias certezas é considerada um erro. A imposição da sociedade exige um desempenho perfeito e não permite que tenhamos uma interpretação pessoal. "Eu deveria ser mais eficiente, mais perfeito, mais confiável e mais perfeito do que eu sou." Somos ferozes nos julgamentos a nosso respeito e isso alimenta a baixa autoestima até levar a ponto de estarmos convencidos de nossa própria inutilidade. Em casos extremos, pode levar ao suicídio.

Podemos nos libertar das garras de nossa própria autocrítica quando nos permitimos a liberdade de ter um ponto de vista pessoal. O que é importante para mim, quem eu quero ser? É possível que esse processo seja estimulado em um consultório especializado em Burnout, onde são dadas instruções importantes para uma reorientação. Como ter sucesso nesse processo é o tema da Parte III.

Como nossas emoções são forças elementares de enorme potência, devemos ter cuidado ao ativá-las. Requer a mesma precisão e cuidado que a substituição de uma lâmpada queimada. Antes de religar a luz, devemos verificar todas as conexões e assegurar que a corrente, a tensão, o cabo e todos os outros componentes estão funcionando bem. Se uma lâmpada for conectada incorretamente e a energia for religada, isso causará um curto-circuito que, na melhor das hipóteses, queimará o fusível – e a luz não será restabelecida.

124

PARTE II – O que bloqueia nossa habilidade emocional

A consciência é como a corrente elétrica do nosso psiquismo. Por mais importante que seja saber como pensar e quais emoções devem se interligar a fim de trabalharem juntas de forma eficaz, este conhecimento será inútil se não canalizarmos a energia. Se usamos nossa consciência para prestar atenção às nossas emoções, elas se iluminam. Elas brilham! No que exatamente precisamos prestar atenção é o tema da Parte III: Emoções vividas.

## PARTE III

Emoções vividas

Como qualquer outra força, as emoções precisam fluir para atuarem como forças. Até aqui, deveria estar claro que isso não significa simplesmente dar livre vazão às nossas emoções. A Parte III é dedicada à questão de como as sensações, emoções e sentimentos podem se tornar forças vividas que nos apoiam em vez de nos atrapalhar em nossos relacionamentos.

Na Parte II tratamos em detalhes as causas de doenças emocionais e desequilíbrios. Começamos a entender melhor certos mecanismos dentro de nós e já através deste entendimento algo dentro de nós muda. E, ainda assim, este entendimento não é suficiente para nos curarmos emocionalmente. Simplesmente porque a cura emocional não acontece no nível do entendimento.

O entendimento acontece ao nível intelectual, a cura emocional ao nível emocional. O discernimento é importante porque os níveis emocional e mental existem próximos um do outro. Os níveis estão intimamente ligados e as confusões do primeiro causam os desequilíbrios do segundo.

Mas para curar emocionalmente não devemos apenas clarear a confusão que causa nossa confusão emocional, devemos, acima de tudo, nos voltar para o nível emocional, recomeçar a sentir. Sentir significa que a atenção é dirigida às sensações, sem desvios através de pensamentos ou palavras. Sentir é muitas vezes confundido com observar ou é simplesmente evitado, pois pode ser desagradável e muitas vezes nem sabemos para que serve. Por isso, abrindo a parte Parte III, temos um exercício através do qual tomamos consciência de nossas estratégias de prevenção. Este pode ser um primeiro passo importante para voltar a sentir de um modo novo.

Os dois primeiros capítulos desta última parte tratam do que é o sentir e como podemos aprender a sentir de uma nova maneira. Só então sigo para as etapas individuais da dor ao sentimento, do sentimento à emoção e, finalmente, da emoção à força vivida.

---

### Exercício 6 – Reconhecer as estratégias de evasão

Aprenda sobre suas estratégias para evitar as emoções.
As seguintes perguntas podem lhe ajudar:

1. Que ações você faz como se estivesse dominado por uma compulsão interna?

2. Quais são seus vícios? Qualquer coisa pode ser um vício, não precisa ser uma droga no sentido clássico.

3. O que você faz quando se sente "mal" – comprar, comer, limpar, ver TV, fazer exercícios, fofocar, usar drogas ou tomar remédios?

# 1 – O que é sentir?

Para que a força de uma emoção possa ser direcionada é de suma importância o desejo de senti-la. Quando nos recusamos a sentir determinada emoção, ela passa a ter poder sobre nós. Somos forçados a evitá-la ou a nos livrar dela, suprimindo ou descarregando essa emoção nos outros. Só deixaremos de ser escravos de uma emoção, só poderemos acessar a sua força, quando nos dispusermos conscientemente a sentir e não mais a evitá-la. Enquanto tivermos um problema em sentir raiva, tristeza, medo, vergonha ou mesmo alegria, gastamos consciente ou inconscientemente muita energia tentando evitar essas emoções. Existem planos de vida e estruturas de relacionamentos que são inteiramente baseados em um esforço para evitar certas emoções. Se quisermos utilizar uma determinada emoção como uma força para nós, temos que nos familiarizar com as sensações relacionadas, experimentando-as e aceitando-as conscientemente.

Um estímulo sensorial é uma informação do corpo, transmitida através de um sentido específico, como o tato, para depois ser processado pelo cérebro. Nosso cérebro precisa de informações sobre o estado de nosso corpo em relação ao nosso ambiente, a fim de coordenar o bom funcionamento de nossas funções corporais. Metabolismo, batimento cardíaco, respiração e equilíbrio hormonal são constantemente ajustados para atender às exigências atuais do nosso corpo. Esta forma de processamento de informações acontece o tempo todo e geralmente não estamos conscientes desses estímulos iniciais. Só nos damos conta desses estímulos quando algo ocorre e o corpo não consegue compensar facilmente. Isso pode ser uma temperatura extrema, como calor ou frio, ou alguma outra influência que represente uma ameaça ao nosso bem-estar. E somente quando o estímulo é percebido conscientemente, ele passa a ser uma sensação e a temperatura é sentida. Nos damos conta do estímulo para que possamos fazer algo a respeito, como vestir uma camisa ou ir para a sombra.

Portanto, uma sensação é um sinal que nos diz que algo precisa de nossa atenção. Na maioria das vezes somos gratos por esta dica, pois sabemos que ela é importante. É algo simples de atender porque, em geral, sabemos exatamente como lidar com essas sensações. Quando se trata das nossas emoções, não é bem isso que acontece.

## Emoções não são estímulos sensoriais

A maioria das pessoas não conhece a função natural das emoções atuando como forças e nem prestam a devida atenção. A impotência em lidar com as próprias emoções levou a que fossem tratados como estímulos e não como sensações. As emoções, no entanto, querem ser sentidas. Elas não são estímulos que nosso sistema pode ou deve processar inconscientemente. Elas nos alertam para o fato de que algo precisa de nossa atenção. As emoções querem ser percebidas de forma consciente, uma vez que as emoções devem nos capacitar a lidar com as situações de forma consciente. Toda emoção, seja raiva, tristeza, medo, alegria ou vergonha, diz respeito a algo que requer nossa atenção consciente – algo que precisa ser mudado, aceito, liberado, valorizado ou reconhecido. Quando interpretamos as emoções como se fossem estímulos, nos isolamos do mundo ao nosso redor. Os efeitos são tão inconvenientes quanto ignorarmos os estímulos físicos que pedem a nossa atenção.

Vamos voltar ao exemplo da Parte II, que descrevia como, sem motivo algum, fui destratada por um colega de trabalho. Julgo aquilo errado e sinto raiva, entretanto, interpreto a sensação como um estímulo sensorial e exerço um empenho para não sentir nada. Como já foi descrito, opto por me distrair com chocolate, internet ou entretenimento. Observado de mais perto, este comportamento é tão absurdo quanto transpirar em uma sala superaquecida e investir muita energia em alguma distração para que o calor não seja sentido. Por outro lado, se eu me voltar para as sensações, isso significa que faço uma pausa e conscientemente dirijo minha atenção para o meu espaço interior. Em uma sala aquecida, primeiro registro a sensação de desconforto e só depois volto minha atenção para o meu corpo, para assim obter informações mais precisas sobre o que está realmente acontecendo. Em segundos examino meu corpo para determinar se estou mesmo com calor e quais partes do meu corpo estão aquecidas demais. Da mesma forma, posso tornar um hábito chamar minha atenção diretamente para o meu espaço interior e sentir o que está acontecendo lá quando não me sinto bem. Com a prática, vou reconhecer muito rapidamente o que estou sentindo: é a carga de uma emoção, é uma sensação pseudo-física, ou é uma emoção que quer ser direcionada como uma força?

## Observar não é sentir

Nem todos nós camuflamos nossas emoções de forma consistente. Na verdade, muitas pessoas lidam com suas emoções com bastante atenção, observando-as.

Quando colocamos atenção nas emoções, seja com o pensamento, seja descrevendo-as com palavras, nós não as *sentimos*, nós as observamos. Muitas vezes confundimos sentir e observar, especialmente quando não percebemos que pensamentos e palavras se erguem entre nossa atenção e o sentir, porque não conhecemos nenhum outro. Na observação, nosso foco se mantém sobre a avaliação das informações que as sensações nos dão. Portanto, a observação é, essencialmente, um processo que ocorre no nível mental ou intelectual.

Muitas pessoas interessadas em desenvolvimento pessoal são muito boas em se observar. Elas sabem quase tudo sobre si tão boas que são em observar a si mesmas. É até difícil revelar algo novo a seu respeito. Afinal, é impossível observar outras pessoas melhor do que elas mesmas se observaram, vinte e quatro horas por dia, sete dias por semana, durante anos a fio. Nenhuma agência de inteligência no mundo conseguiria observar alguém de forma tão eficiente. Observadores hábeis de si mesmos sabem exatamente quais são seus bloqueios, desequilíbrios e padrões. Se são perguntados a respeito, eles dizem: *"Sim, eu sei"*. Mas, como não há uma distinção clara entre observar e sentir, questões permanecem inalteradas no sistema e são meramente observadas. Então, apesar do enorme esforço, sentem uma certa frustração, já que "é sempre a mesma coisa". É assim que, embora a observação nos forneça muitas informações, não ocorrem mudanças no *status quo*.

Em relação ao exemplo anterior: é até possível que um observador experiente reserve algum tempo para voltar a sua atenção para dentro, após ter detectado alguma agitação. Após confirmar a agitação, ele poderia de maneira muito razoável relacionar o desconforto atual com o fato de ter sido muitas vezes agredido por sua mãe na infância. Ele poderia investir tempo considerável para observar cuidadosamente e ir anotando, meticulosamente, o que sente e porque o sente. E depois ele ainda poderia experimentar todo tipo de pensamentos e acrobacias mentais na tentativa de modificar sua experiência interior. Todo este cenário é mais uma oportunidade perfeita para não se sentir, pois o sentir não ocorre no plano das palavras.

Ainda assim, a observação é valiosa, mesmo quando se trata de emoções. Ao nos observarmos, podemos perceber as áreas que invocam fortes emoções e as áreas menos intensas. Podemos determinar quais emoções são geradas em excesso e quais as forças que nos faltam. Questionar nos ajuda a observar com mais atenção e a fazer distinções mais precisas. Em que pé está nossa capacidade de decisão ou nossa sede de aventura? E quanto ao amor à vida e a gratidão? A percepção de que não há raiva dentro de si mesmo é o primeiro passo no caminho da cura e do despertar dessa força.

Através de uma observação cuidadosa, também notamos como entorpecemos nossos sentimentos. A lista de drogas disponíveis hoje é quase infinita. Primeiro as mais óbvias, como as drogas legais e as ilegais. E continua com coisas menos óbvias, como assistir TV, ler, comer, reclamar, fazer compras, dormir ou até mesmo meditar.

Através da observação tomamos consciência dessas estratégias, contudo, sem poder mudá-las. Observar não é sentir, por isso não acessamos o emocional através da observação. É como se nós pudéssemos nos ver na televisão. Podemos até observar tudo de maneira ideal, mas qualquer tentativa de intervenção é em vão, porque não é por ali que os mecanismos emocionais correm.

## Sentir é sentir

Até agora falei um pouco sobre o que não é sentir e muito pouco sobre o que é. Sentir é a conversão direta da percepção para uma sensação. Sentir é sentir. A diferença entre observar e sentir é como a diferença entre a narrativa e a experiência. É a famosa experiência da "primeira vez". Podemos falar sobre isso infinitamente e, no entanto, as palavras não conseguem expressar adequadamente o que é a experiência. Aqueles que já a experimentaram, serão lembrados por uma boa descrição. Aqueles que nunca experimentaram isso não conseguem realmente compreender do que se trata, mesmo através da melhor das descrições.

Por outro lado, quando sentimos, não há dúvida de que estamos sentindo. Se estivermos em dúvida, é provável que estejamos observando ou evitando algo. Quando sentimos, estamos simplesmente vivendo a experiência e sabemos disso porque estamos sentindo.

Temos por natureza uma certa resistência a sentir, especialmente as chamadas emoções negativas. Nós as associamos à dor e, portanto, temos a tendência em evitá-las. Para a maioria das pessoas, mesmo depois de anos de prática, é preciso um momento de pausa, de respiração profunda e de consciência no espaço interno para permitir o sentir.

No momento em que colocamos nossa atenção e relaxamos no espaço do sentir, veremos que tudo está bem. Nós percebemos que não precisamos ter medo das emoções, elas estão simplesmente lá, podemos simplesmente senti-las. E percebemos que elas não irão nos machucar – nossa recusa em senti-las é muito mais doloroso. Afinal, estas emoções não são um problema, elas são a solução para um problema. A boa notícia é que, mesmo que tenhamos perdido o hábito de sentir, podemos nos habituar novamente. A chave para isso, como é tão frequentemente o caso, é praticar.

# 2 – Podemos aprender a sentir

A maioria de nós deixou de sentir em algum momento. Alguns tiveram mais sucesso que outros, mas pode-se ver exemplos disso por toda parte. Em si mesmo, não há nada de errado com isso. É uma parte natural de nosso desenvolvimento aprendermos a regular a expressão e a percepção de nossas emoções. Isto só é um problema quando, um dia, percebemos que não sentimos mais e percebemos um aparente entorpecimento interno.

Se agora reconhecemos que sentir é valioso em si mesmo, isso requer uma volta consciente em direção a ele, para que estes estímulos possam se tornar novamente sensações. Assim como podemos perceber conscientemente as temperaturas em nosso ambiente, concentrando-nos em nossas sensações, podemos aprender a penetrar conscientemente, a qualquer momento, no plano do sentimento.

Uma sensação é apenas uma sensação quando percebida conscientemente. Da mesma forma, uma emoção é apenas uma emoção quando estamos cientes disso. Entretanto, enquanto não estivermos conscientes de uma emoção, é difícil para nós entender a diferença. Para que possamos *ter* consciência de uma emoção, precisamos primeiro saber como *tomar* consciência dela.

A sintonia com nossas sensações de temperatura é fácil. A qualquer momento, cada um de nós pode direcionar sua atenção para sentir a temperatura ambiente e assim acessar as informações que estão sendo continuamente coletadas. Isto é fácil para nós porque sabemos exatamente onde colocar a nossa atenção e como experimentamos as diferentes temperaturas. Uma vez que tenhamos aprendido onde localizar e como perceber nossas emoções, é tão fácil dirigir nossa atenção para elas quanto para a nossa sensibilidade à temperatura.

## Como podemos praticar sentir?

Sentir, como qualquer habilidade, precisa antes ser exercitada. Nossa sensibilidade precisa ser treinada e para isso é necessário atenção cuidadosa. Caso o modo "sentir" esteja oculto há muito tempo, precisamos começar por prestar atenção a todas as sensações. Uma coisa é certa: sob todas as sensações que percebemos inconscientemente existem as nossas emoções.

Sentir, assim como tantas outras coisas, pode ser treinado através de uma prática regular. Ao separarmos diariamente ou semanalmente alguns dias, o tempo necessário para dirigir a nossa atenção para dentro, elevamos a nossa sensibilidade para tudo aquilo que é ignorado ou ocultado. Para algumas pessoas é importante a regularidade e o comprometimento. Para elas é mais fácil encontrar essas janelas de tempo e, através das experiências vividas, transferir a prática para o seu dia a dia.

Em contrapartida, para outros isso não funciona de modo algum. Me incluo neste grupo. Para mim, sentir está intrinsecamente ligado à nossa vida, e não pode ser isolado a uma prática solitária. Sempre gostei de praticar o sentir no lugar mais importante: na vida!

## Sentir no dia a dia

Passamos a maior parte do tempo em todo o tipo de atividades que exigem a nossa atenção, pelos mais variados motivos. Comer, trabalhar, descansar, limpeza, cuidados com o corpo, praticar

PARTE III – Emoções vividas

esportes – a lista de afazeres ligados à nossa vida não tem fim. Mas, todas essas atividades estão ligadas ao exterior – descrevem o que fazemos no plano externo.

Além das atividades aparentes, existe um grande número de atividades internas que correm paralelas às atividades externas, como por exemplo, pensar, sentir, meditar ou sonhar. Cada uma dessas atividades é igualmente importante. A maioria das pessoas passa, muitas vezes sem se dar conta, a maior parte do seu tempo em uma única atividade interior: pensar.

Por mais valiosos que sejam nossos pensamentos, eles frequentemente giram em círculos sem fim. Esta tendência se agrava quando usamos os pensamentos para nos distrair das sensações, reprimir as emoções. Nesses momentos, é especialmente importante desviar nossa atenção de nossos pensamentos e dirigi-la às nossas emoções.

É claro que existem atividades que exigem nossa atenção enquanto nos dedicamos a elas. No entanto, há muitas atividades cotidianas onde isso não é o caso. E ainda assim, pensamos ao executar essas atividades.

Se passarmos a não acompanhar essas atividades externas com o pensamento, e sim, colocarmos nossa atenção nas sensações, criaremos um campo de treino para o sentir. Quanto mais dirigirmos nossa atenção para o sentir, mais estímulos seremos capazes de notar como eles se transformam em sensações. Quanto mais sensações temos, maior a chance delas cumprirem o seu papel. Elas permitem que estejamos em contato com a vida e nos conectando diretamente com aquilo que acontece neste momento dentro de nós e à nossa volta.

Para muitas pessoas, entretanto, a ideia deste exercício é pouco atraente. Ou porque acreditam que é extenuante, ou porque questionam se estão fazendo corretamente e se entediam rapidamente. Na minha experiência, nenhuma destas opções é verdade.

## Exercício 7 – Tempo para sentir

1. Escolha uma ou duas atividades diárias simples: alguma higiene pessoal, como tomar banho ou escovar os dentes, talvez algo em casa, como lavar a louça ou limpar a cozinha. O importante é que seja diária e que seja bem definida.

2. Comprometa-se durante uma semana a usar o tempo gasto nesta atividade externa para o exercício do sentir interior

3. Ao fazer a atividade escolhida, retire conscientemente sua atenção de seus pensamentos e volte sua mente para as suas sensações, ou seja, para todos os estímulos que você puder notar. Em seguida, desvie sua atenção do nível físico para o emocional e observe o que está acontecendo.

4.Observe como sua percepção de seu sistema e sua experiência da atividade muda.

Nota: O exercício tem tudo a ver com o desenvolvimento do hábito de prestar mais atenção em como você se sente. É mais fácil treinar essa habilidade ao realizar atividades desligadas de emoções fortes, para depois aplicá-la em situações em que surjam emoções fortes.

Quando treinamos sentir em nosso dia a dia, até mesmo as atividades mais chatas ganham uma nova qualidade. Escovar os dentes se transforma em uma experiência. Passo a dirigir minha atenção para minhas sensações físicas e percebo a escova de dentes deslizando sobre meus dentes. As cerdas passam repetidamente nas gengivas, enquanto as costas lisas da escova deslizam ao longo do interior das minhas bochechas. Em minhas mãos sinto a pressão dos polegares e o interior dos meus dedos. Amplio a minha atenção para todo o meu corpo e noto cansaço. Sinto tensão no pescoço e na parte inferior das costas, sinto alguma rigidez em minhas pernas. Depois disso, posso aprofundar um pouco e chamar minha atenção para o nível do sentir. Como estou realmente me sentindo agora? Sinto cansaço, mas também alegria após um dia de trabalho duro? Estou carregando algum ressentimento por algo que não correu bem hoje? Sinto ansiedade por não conseguir me desvencilhar de um problema?

Posso sentir tudo isso enquanto escovo os dentes, lavo a louça, dirijo para o trabalho ou estou no chuveiro. As coisas ganham novas cores à medida em que entramos em contato com elas e conosco mesmos. Esta vivacidade nos energiza em vez de drenar nossa força. E a realização que experimentamos nos motiva mais do que a disciplina jamais poderá.

## Dois tipos de sentir

No desenvolvimento da capacidade de perceber as emoções conscientemente, foi útil diferenciar duas formas de sentir: a percepção focada e a percepção geral. Usarei a luz como uma metáfora para a atenção. A percepção focada é como o raio de uma lanterna, que ilumina ora uma coisa, ora outra. A percepção geral, por outro lado, é como a luz de uma lâmpada que brilha livremente em todas as direções. Por experiência sabemos que encontraremos mais rapidamente o que procuramos se acendermos a luz do teto do que se ligarmos uma lanterna. Da mesma forma, existem circunstâncias em que um feixe de luz brilhante nos serve melhor – por exemplo, quando estamos no dentista ou quando estamos inspecionando algo sob um microscópio. Este foco é útil quando queremos olhar de perto uma determinada área.

Focar a atenção significa que nos concentramos em uma pequena área limitada. Nos limitar a uma pequena área cria uma maior vigilância sobre ela e podemos senti-la melhor do que se fossemos focar no corpo inteiro.

Chamo de percepção geral, a atenção que não se limita a uma área específica, mas abrange todo o nosso sistema. Esta modalidade é, portanto, uma atenção que lida igualmente com todos os estímulos. A percepção focada se torna percepção geral na medida em que expandimos a atenção dada a uma parte até que ela englobe todo nosso sistema.

## Percepção geral

Quando se trata de sentir, não é diferente: a percepção geral nos possibilita sentir todo o nosso sistema de uma só vez, como se uma luz estivesse acesa no teto. É uma atenção que não se limita a uma área específica, mas abrange todo o nosso sistema e abarca igualmente todos os estímulos. Desta forma, localizamos rapidamente aquelas áreas que sentimos estarem diferentes do habitual: onde existe maior atividade, onde há sensações de calor ou frio, bloqueios ou formigamentos. Também podemos comparar esta forma de atenção com um olhar suave, que não se concentra em nada em particular e, precisamente por isso, permite um amplo campo de visão.

## Percepção focada

A percepção focada, por outro lado, significa que direcionamos nossa atenção para uma área pequena e limitada. Como o dentista que ilumina com sua lâmpada de halogênio exatamente o dente em que está trabalhando. Nos limitar a uma pequena área nos permite dar maior atenção a essa área, e por isso, senti-la mais intensamente que o restante do corpo. Esta forma de percepção é útil para se sentir com mais clareza o que está acontecendo em uma determinada área quando, depois do uso da nossa percepção geral, notamos que essa parte necessita de atenção.

## O segredo está na mistura

Podemos ampliar ou reduzir o nosso foco entre esses dois modos conforme necessário. Por exemplo, depois que o colega acima mencionado nos destratou sem nenhuma razão, poderíamos

PARTE III – Emoções vividas

---

## Exercício 8 – Percepção geral e focada

1. Dirija sua atenção para o seu corpo.

2. Se você notar uma parte particular de seu corpo, concentre sua atenção nessa área em particular. Se nenhuma parte de seu corpo for particularmente perceptível, escolha qualquer área. Em ambos os casos, é importante que a área escolhida seja claramente definida e delineada.

3. Direcione toda a sua atenção apenas para essa área. Relaxe e certifique-se de que o fluxo de sua respiração é calmo e uniforme.

4. Observe as sensações nesta área que você focar. Quanto mais tempo você permanecer com sua atenção total nesta área, mais sensações você terá. Esta é uma percepção focada.

5. Comece a expandir lentamente sua atenção sem perder as novas sensações recém-adquiridas. Amplie esta percepção para o sistema inteiro.

6. Dê ao sistema inteiro sua total atenção. Eis um exemplo de percepção geral.

---

fazer uma pausa por um momento e voltar nossa atenção para dentro. Com a ajuda da percepção geral, podemos, em segundos, ter um panorama de como as coisas estão em nosso sistema. Nós rapidamente identificamos que temos um nó no estômago. A fim de entrar em mais detalhes sobre esta área, poderíamos mudar para a percepção focada e virtualmente ampliar nosso foco. Por outro lado, pode ser útil começar com a percepção focada e depois expandir para a percepção geral. Certas técnicas de meditação utilizam este método: primeiro aprendemos a observar uma área muito pequena, e depois expandimos gradualmente esta sensibilidade para todo o sistema.

## Selva adentro

No início do livro mencionei que a partida para o reino das emoções é comparável a uma viagem à uma selva: num primeiro momento, tudo na selva parece confuso, caótico, anárquico. Somente depois de termos dedicado algum tempo para olhar mais de perto e de nos envolvermos é que a confusão passa a revelar seus padrões. Será útil se, previamente, tivermos lido livros sobre botânica e fauna ou os relatórios de viagem de outros exploradores. Este conhecimento certamente nos ajudará a perceber mais rapidamente uma ordem nas coisas do que se nos lançássemos no absoluto desconhecido. No entanto, a intensidade da selva será esmagadora no início e nada pode nos preparar adequadamente para a verdadeira experiência.

As Partes I e II deste livro tratam da ciência emocional, o que poderia se chamar também a botânica de nosso mundo emocional. Este conhecimento sobre as emoções pode nos ajudar a não fugir imediatamente quando nos sentimos sobrecarregados ou confusos por nossas sensações, ou inicialmente assustados pela experiência de nossa selva interior, mas a permanecer ali por algum tempo e a nos aproximarmos com cuidado. Quando nós damos mais atenção às nossas sensações e praticamos sentir conscientemente, também nos tornamos mais conscientes de muitas sensações com as quais não sabíamos lidar no início. Nem todas as sensações que surgem estão imediatamente disponíveis sob a forma de uma força que podemos usar a nosso favor. Na maioria das vezes, bloqueamos as emoções porque não sabíamos o que fazer com elas. Nos deparamos com sentimentos disfarçados de emoções e que causam dor física. Para completar, não encontramos tudo isso de uma maneira ordenada e estruturada, mas numa tremenda confusão onde tudo se mistura.

Se ainda assim começarmos a desvendar tudo isso de forma consciente, uma vez munidos de novas informações sobre o mun-

PARTE III – Emoções vividas

do emocional, estaremos diante da tarefa de aplicar o aprendizado recebido de forma honesta. Por exemplo, como podemos transpor o nó na garganta ou no estômago para chegar na força emocional congelada ali, ou como lidar com aquele buraco enorme que sentimos todas as vezes em que nos movemos em direção à tristeza? Como transformar esses abismos em um lago no qual podemos nadar?

Nos capítulos seguintes, vou descrever alguns passos que podem nos ajudar a explorar nossas emoções como forças: começando com as sensações pseudo-físicas, passando pelos sentimentos, até as emoções propriamente ditas que poderão ser então utilizadas como forças. Por mais diferentes que sejam as sensações, a chave para desbloqueá-las é sempre a mesma: sentir. Através da emoção, através da atenção não filtrada, as dores aparentemente físicas tornam-se sentimentos e sentimentos tornam-se emoções. Somente quando essas forças estão presentes no sistema na forma de emoções podemos determinar como essas forças desejam ser usadas e direcioná-las de acordo.

É claro que nem toda viagem à terra das emoções começa com uma sensação física. Pode acontecer de não sentirmos primeiro um desconforto físico, mas sentirmos um sentimento ou uma emoção e, às vezes, ocorre a combinação das três manifestações. É importante nos familiarizarmos com todas as três manifestações.

---

**Como se manifestam as emoções**

- **como uma sensação física** – sensação aparentemente física que, no entanto, não tem uma causa com raíz orgânica ou física

- **como um sentimento** – força emocional reprimida, geralmente sob a forma de pressão, dor ou mal-estar difuso

- **como uma emoção** – energia que circula e está em movimento em nosso sistema; pode ser opressora

- **como uma força** – força alinhada, dinâmica, que nos sustenta

Isso nos ajuda a identificar a cada momento onde estamos e como devemos responder às sensações que surgem em nós.

O quadro acima oferece uma visão geral e uma breve definição de cada forma de manifestação. Uma coisa é certa: distinguir os diferentes fenômenos é uma chave importante para um encadeamento correto. Os capítulos seguintes delineiam, então, o caminho de uma fase emocional para a próxima. Vamos lá!

---

### Exercício 9 – Livrar-se das estratégias de evasão

Seus vícios e outras estratégias para evitar as emoções dominam você até que esteja disposto a sentir.

1. Escolha uma de suas principais estratégias de evasão (se você ainda não conhece nenhuma, faça primeiro o exercício da página 130.)

2. Durante uma semana, sempre que surgir o anseio por essa estratégia de evasão, por um minuto concentre sua atenção completamente no seu interior. Se você perceber que está seguindo mentalmente alguma estratégia, volte sua atenção para dentro de você.

3. Conscientemente, afaste sua atenção da estratégia ou do anseio pela estratégia até transformá-la em sensações, os estímulos que seus sentidos estão recebendo.

4. Experimente alternar sua atenção entre a estratégia e o sentimento interior. Quanto mais você se concentrar nas sensações desagradáveis, mais livre você estará da estratégia de evasão. Você tem uma escolha.

# 3 – Da dor física ao sentimento

As sensações físicas são relativamente fáceis de identificar e, portanto, aparentemente fáceis de distinguir dos sentimentos. No entanto, existem sensações de dor que são reais, mas também existem as que 'fingem' ser dor física, pois de outra forma não as notaríamos. Dou a este fenômeno o nome de dor pseudo-física, para poder diferenciá-la da dor física real. A dor no plano físico é uma das sensações mais intensas que podemos experimentar e vale a pena um olhar mais de perto em como lidamos com ela.

Quando o corpo está doente ou ferido, ele nos envia um sinal claro de que algo está errado. Através das descobertas da pesquisa farmacêutica, temos agora meios muito poderosos para controlar essa dor. Sem dúvida, isso é muito importante em algumas situações, por exemplo no dentista ou durante uma operação. Nessas situações, o sinal de alarme interno do corpo atrapalha consideravelmente.

Também não devemos descuidar das outras dores, especialmente as de origem desconhecida. Não é raro que o sistema expresse dor emocional ou bloqueio energético como uma dor no corpo – como membros doloridos ou dor de cabeça assintomática. A pesquisa conduzida pela Faculdade de Medicina da Universidade de Indiana da Medicina, por exemplo, mostrou que pessoas com depressão frequentemente consultam um médico principalmente se queixando de desconfortos físicos e dores. Nesses casos, não é possível constatar uma causa orgânica, pois a dor está aparentemente em outro lugar, embora seja sentida como tal.

Podemos aprender a identificar a origem dessas dores. O corpo cessará de expressar-se desta forma. Se a dor for localizada em sua origem, também teremos a possibilidade de mudança. Uma dor emocional não pode ser medicada. Entretanto, dores físicas crônicas podem desaparecer em segundos se identificadas, aceitas e curadas no plano emocional.

## O sentimento por trás da dor

Quando passamos a observar o nosso corpo, não leva muito tempo para que alguma parte do nosso corpo atraia a nossa atenção. Talvez sintamos na forma de uma pressão, de bloqueio, de calor ou de frio – sem uma influência externa que justifique essas sensações. Às vezes, temos a sensação de que ali existe "alguma coisa" que não se pode definir ou explicar. Outras vezes sentimos dor em uma determinada parte, possivelmente há anos.

Quando colocamos nossa atenção em uma pressão ou dor em alguma parte de nosso corpo, começaremos a percebê-la cada vez com mais clareza. De início, o resultado pode não ser agradável: quanto mais profundamente nos empenhamos em sentir, mais desagradável ela se torna. Por colocarmos mais atenção na sensação, a intensidade parece aumentar. Isto acontece porque nossa sensibilidade aumentou.

Vamos voltar ao nosso exemplo antigo e assumir que eu, uma pessoa civilizada e bem comportada, não tive aquela explosão de raiva libertadora em relação ao meu colega de trabalho ou à minha filha. Então, depois de colocar a pequena na cama, noto uma pressão na barriga, um zumbido na cabeça ou uma dor em alguma outra parte, dependendo quais forem os meus pontos fracos e o que exatamente eu reprimi. Se ao invés de usar alguma manobra para me distrair dessas sensações eu começar a dirigir conscientemente minha atenção para a dor, essa dor aumentará de intensidade no início. Se ainda assim eu conseguir manter o foco nessas sensações e relaxar, minha percepção mudará novamente. A sensação se expande na forma de uma energia se tornando mais viva e mais perceptível, mesmo que ainda bastante comprimida.

Se então expandirmos esta atenção sensível para todo o nosso sistema – em outras palavras, se mudarmos de percepção focada para percepção geral – é aí que ocorre uma mudança decisiva. A dor ou pressão física que inicialmente estava em primeiro plano passa a ser sentida em outras partes do corpo, só que não mais de uma forma meramente física. Em vez disso, muitas vezes experimentamos uma sensação de desligamento do corpo. Percebemos aquela dor física em sua forma real: como um sentimento.

# 4 – Do sentimento à emoção

Um sentimento ainda não pode ser usado como uma força. Definimos no início do livro que um sentimento são emoções acumuladas, reprimidas ou até mesmo congeladas. Se revisitarmos a imagem da máquina de bebidas emocional, torna-se rapidamente claro o porquê de ser quase tão ruim ter água congelada quanto é não ter água nenhuma – a bebida se tornou um bloco pesado e nada acontece quando apertamos um dos botões. Pateticamente morremos de sede.

Ocorre algo semelhante quando carregamos quando uma grande parte de nossas forças emocionais está congelada. Elas passam a ter um peso enorme, às vezes insuportável, que ameaça nos puxar para baixo de tempos em tempos ou até constantemente. E, contudo, não conseguimos acessar essas forças dentro de nós. Elas não se encontram disponíveis. Na maioria das vezes tentamos lidar com esses blocos de gelo emocionais e pesos internos de uma maneira óbvia – se possível, tentamos nos livrar deles de alguma forma ou pelo menos tentamos não senti-los. Eles são incômodos, desagradáveis e aparentemente perturbam o nosso bem-estar.

Anos passam enquanto refletimos e nos perguntamos como podemos nos livrar deste lastro. Na maioria das vezes nem sequer suspeitamos que o bloco volumoso e pesado é na verdade como a água congelada que poderia estar fluindo da máquina de bebidas. Entretanto, é exatamente o que ele é.

Para que um sentimento possa atuar como uma força e ser usada ativamente, um sentimento deve primeiro se tornar uma emoção – ela precisa ser trazida para o tempo-agora. Um sentimento só vai encontrar o seu caminho para o presente se for reconhecido *agora*. Reconhecer o sentimento agora significa que o sentimos dentro de nós – sem evitá-lo, sem analisá-lo e sem dispensá-lo. Exatamente como ocorre na transformação da dor pseudo-física, a cura a nível emocional acontece quando aplicamos a nossa atenção à percepção focada e geral.

## Reserve seu tempo

Quando lidamos com os sentimentos, adentramos reinos interiores profundos. É recomendável reservar algum tempo, não importa se o sentimento foi ativado através de outra pessoa ou se queremos tratar de uma área conscientemente. Se um retiro ou pausa não for conveniente naquele momento, devido às circunstâncias práticas ou fatores sociais, é preferível recordar o evento e o sentimento provocado em um momento posterior, para que você possa retornar àquele lugar dentro de si mesmo.

## Dor emocional

Quando sentimentos antigos vêm à tona e são novamente sentidos, há dor associada a eles. A dor surge quando gostaríamos que algo fosse diferente do que é. Quanto maior a lacuna entre nosso desejo e os fatos, maior será a dor. A dor emocional tem sua origem em experiências que foram diferentes daquilo que gostaríamos que fossem. A dor emocional pode ser gigantesca, especialmente quando a experiência tiver sido muito diferente do que desejávamos.

A dor é uma parte natural da vida. Todos nós experimentamos dor desde cedo em nossas vidas, pois às vezes as coisas são diferentes do que gostaríamos que fossem. Aceitar é também um passo importante no processo de crescimento. E é, igualmente, o caminho para lidar com a situação atual – e se for necessário, mudá-la.

Entretanto, se insistimos que as coisas devem ser diferentes do que são por causa de uma certeza absoluta nossa, nos recusaremos a lidar com certas situações e os sentimentos que as acompanham, criando, assim, sofrimento emocional. Dor e sofrimento não são o mesmo. Exigências absolutas causam sofrimento, interpretações pessoais, não. Podemos sofrer sem sentir dor e podemos sentir dor e não sofrer. A maioria das pessoas não conhece essa alternativa, já que ao experimentar dor, elas imediatamente passam a sofrer. Apesar das semelhanças, a conclusão que o sofrimento é causado pela dor não é correta. A única razão pela qual a dor significa automaticamente sofrimento para nós é nossa ideia de que é absolutamente errado sentir dor. Este absoluto nos faz sofrer. Se o abandonamos, reconhecendo que os problemas, inconvenientes e dores são uma parte natural e indispensável da vida, deixaremos de sofrer. Ainda seremos desafiados, será desagradável e nos machucaremos, mas sem a ideia de que algo não deveria existir, já que as circunstâncias só são coisas com as quais temos que lidar.

A dor emocional, entretanto, pode se dissolver quando a sentimos sem evitá-la, reprimí-la ou criar uma história sobre ela. Nem sempre conseguimos enfrentar a dor emocional sozinhos. Com frequência precisamos do apoio de outras pessoas para darmos esse passo. Existe uma razão bem simples por trás disso: as emoções, muitas vezes, se tornam sentimentos reprimidos se as emoções forem avassaladoramente fortes no momento da experiência.

O sistema se protege desta experiência não permitindo as emoções e armazenando-as, o que cria um fardo emocional. Se tivermos sorte, encontramos uma pessoa querida em quem pode-

PARTE III – Emoções vividas

mos confiar e em cujos braços podemos chorar. A presença e a compaixão do outro nos permite sentir emoções que antes não podíamos sentir. Por isso que durante momentos emocionalmente difíceis é tão importante nos apoiarmos mutuamente.

---

### Exercício 10 – Aprender a descarregar conscientemente

A fim de descarregar a dor emocional de forma eficaz e com segurança, geralmente precisamos do apoio de pelo menos uma pessoa de nossa confiança e com a qual nos sintamos confortáveis.

Esta pode ser nossa companheira de vida, um bom amigo ou uma namorada, mas também pode ser uma pessoa com quem unimos forças apenas para este fim: para nos apoiarmos mutuamente na liberação de nossas cargas emocionais. O importante é que não seja a pessoa responsável por nossa carga emocional.

1. Encontrem um lugar onde não serão perturbados e possam ficar por, pelo menos, vinte minutos. É claro, também pode levar uma hora. Se estiverem familiarizados com o exercício, dez minutos serão suficientes.

2. Comprometam-se que tudo o que compartilharem neste ambiente é confidencial de uma maneira especial: não só não será falado com mais ninguém, não falarão nem um com o outro a respeito. No entanto, caso você sinta a necessidade de abordar o tema, peça permissão à outra pessoa antes de fazê-lo. Respeite se a outra pessoa declinar.

3. Façam acordo sobre a divisão do tempo. Se vocês acordarem que no total terão vinte minutos, então cada um terá dez minutos.

4. Decidam quem vai ouvir primeiro e quem vai falar primeiro.

5. Como ouvinte, você se concentra apenas em proporcionar um espaço empático e solidário para a outra pessoa. Isto funciona melhor se você apenas ouvir: sem comentários, sem acenos afirmativos de cabeça, sem perguntas. Isto pode ser estranho no início, mas ajuda a outra pessoa a se concentrar realmente em suas próprias sensações em vez de estar preocupado com o que você está pensando.

continua -->

6. Em seu momento de fala, se concentre completamente em suas emoções e fale sobre o que está acontecendo dentro de você, o que o está incomodando, o que o está estressando ou perturbando. Leve o tempo que você precisar. Já que vocês têm um tempo claramente acordado, você também pode fazer uma pausa por um momento, para ouvir ou sentir dentro de si mesmo. Siga sua emoção, mesmo que ela leve você para um passado distante. Não fale tanto sobre seus pensamentos, análises, teses e pontos de vista, mas permaneça com seus sentimentos e emoções.

7. A descarga é uma reviravolta interior que você vivencia mais cedo ou mais tarde, é uma questão de prática. A descarga acontece de muitas maneiras: lágrimas, risadinhas, tremores, gemidos e suspiros. Embora seja verdade que no início também podemos experimentar gritos, mas mais cedo ou mais tarde encontramos outras formas de descarregar, já que não fazemos as pazes com o passado usando a raiva. Todo esse processo acontece por si só se dermos espaço suficiente para a descarga e seguirmos a emoção.

8.Troquem de papéis. Agradeçam um ao outro.

## Sofrimento emocional

Ao contrário da dor emocional, o sofrimento emocional só será dissolvido quando abrirmos mão também da respectiva certeza absoluta. Não é o suficiente, portanto, simplesmente sentir os sentimentos. É também necessário criar uma nova interpretação da situação de então para que a cura possa acontecer. Em relação ao passado, a certeza absoluta geralmente determina que algo específico nunca deveria ter acontecido, porque foi e é absolutamente errado.

Talvez acreditemos que nossos pais não devessem ter abusado de nós como latas de lixo emocionais, mas, sim, que deveriam ter lidado de uma forma madura com seus sentimentos. Essas crenças tiveram uma função importante naquele momento. Funcionaram entre nós e o evento como uma espécie de *airbag*. Um confronto direto teria sido excessivo. Enquanto insistimos nessa certeza, evitamos nossa dor emocional, mas a longo prazo pagamos um preço alto por esse *airbag*. Enquanto evitamos nossa dor emocional, ela não será descarregada e continuaremos a carregá-la dentro de nós.

A experiência tem mostrado que a abordagem amorosa e sem julgamentos, contida no exercício *Aprendendo a descarregar conscientemente*, é suficiente para chegar a uma nova interpretação. Uma vez que foi algo avassalador que gerou uma certeza absoluta, a dor emocional deste fato só pode ser liberada se ocorrer uma descarga emocional também.

Neste caso, não podemos somente pensar sobre os processos emocionais, mesmo quando se trata de reinterpretar eventos passados. Nossa mente pode ser uma companheira vigilante, sábia e inteligente se estiver disposta a dar à emoção o direito de passagem. Portanto, descarregar a dor emocional e deixar ir as certezas absolutas andam de mãos dadas.

Quando abrimos mão das certezas absolutas, nos abrimos à possibilidade de encarar os fatos como eles eram e como são agora. Ao fazermos isso, enfrentamos nossa dor, lamentamos tudo que foi tão diferente do que gostaríamos que fosse. Podemos sentir a raiva por nossos pais terem jogado sua bagagem emocional sobre nós. E então podemos lamentar o fato de que em nossa infância nossos pais não eram capazes de lidar com sua própria bagagem emocional. Então a velha dor emocional pode dissolver-se e as emoções reais, que não nos permitimos sentir até então, podem cumprir seu propósito ou serem liberadas, o que discutiremos em mais detalhes.

## Cuidado com as estratégias de evasão

Especialmente no início, é difícil sentir conscientemente uma dor ou pressão emocional sem evitá-la. Nossa estratégia habitual de evasão se iguala a uma rodovia de alta velocidade com oito faixas sinápticas em nosso cérebro, enquanto o modo "sentir" é muitas vezes como uma trilha de mato fechado, pisada pela última vez na nossa infância. É difícil porque a rodovia de alta velocidade, com suas faixas de ultrapassagem, parece muitas vezes mais convidativa. E é difícil porque a trilha está fechada em tantos lugares que temos medo de sair dela e de nos perder no matagal. Muitas vezes temos a impressão que de fato a perdemos completamente. Por isso é preciso muita vigilância para permanecer no "sentir" quando nos voltamos para nossos blocos de gelo emocionais.

É muito importante que sejamos gentis com nossos próprios limites quando nos abrimos para os nossos sentimentos. Cada um de nós tem um limite natural que impede que muita dor emocional seja liberada de uma só vez. Nosso sistema ficaria sobrecarregado. Temos que confiar que o que identificamos neste momento é o suficiente e resistir à tentação de querer forçar qualquer coisa. A aparente intensificação das sensações é o sinal mais seguro de que estamos envolvidos com um sentimento, o que também ocorre com uma emoção.

Se, por outro lado, a dor ou a sensação de pressão não se tornam mais intensas, é porque não nos envolvemos realmente naquela primeira sensação ou a abandonamos mais uma vez.

### Sinta, relaxe, respire

Assim, a percepção consciente da sensação é inicialmente caracterizada por ela se tornar mais intensa e desagradável. É justamente por isso que é importante envolver-se conscientemente com a sensação e, ao mesmo tempo, relaxar. Quando sentimos dor ou temos uma sensação desagradável, a tendência natural é ficarmos tensos e prendermos a respiração. Ao fazer isso, bloqueamos as energias em nosso sistema e travamos aquele sentimento ainda mais. Isto faz parte de nosso mecanismo de proteção automático que tem mantido à distância esse bloqueio emocional impertinente há anos. Assim, quando começamos a sentir conscientemente um bloqueio emocional, é preciso relaxar e garantir que nossa respiração flua o mais livremente possível.

Quando relaxamos, a sensação se torna mais intensa, a cada respiração nos permitimos ir mais fundo. Se mantivermos nossa atenção no sentimento, logo observamos uma mudança clara: sentimos um desbloqueio e uma descarga. Isto é às vezes percebido como uma sensação de formigamento, às vezes como um leve tremor ou mesmo um tremor em todo o corpo ou em partes dele. Às vezes, percebemos, de repente, uma emoção que não existia lá antes e que a pressão ou a dor da emoção diminuíram um pouco.

Para que isso possa acontecer, devemos ser pacientes e permanecer atentos à emoção, sem ficarmos tensos, perdidos em pensamentos, sem desviarmos a atenção. Devemos dar ao sentimento o espaço e o tempo para se desdobrar. Assim como um recém-nascido desenvolve seus membros lentamente depois de nove meses confinado no útero, um sentimento reprimido também precisa de tempo para se desenvolver no espaço recém-descoberto.

## Encontrando o passado de novo

As emoções são como uma pilha de correspondência antiga que nunca foi aberta. Quando um bloco de emoções derrete, os sentimentos são liberados. Geralmente são sentimentos que foram gerados há muitos anos. Na época, esses sentimentos poderiam ter sido úteis ou relevantes; hoje em dia, muitas vezes não são mais. No entanto, precisamos lidar com eles e principalmente com as interpretações implícitas que demos. Precisamos acessá-los conscientemente para trazê-los para o agora.

Quando as emoções estão congeladas na forma de sentimentos, não existe senso de tempo. Um determinado evento pode ter acontecido há mais de vinte anos. A raiva, a tristeza ou o medo que foram gerados, mas não foram utilizados na época, ainda estão presentes. A emoção quer se manifestar e o posicionamento que desejava expressar quer ser reconhecida.

Muitas vezes nos deparamos com camadas de emoções ao nos voltarmos hoje para aquela pilha de correspondência antiga. Estas camadas, uma após a outra, foram criadas ao experimentarmos diferentes estratégias emocionais para evitar situações difíceis. Ao ver a mamãe ter outro ataque de raiva, nossa primeira emoção talvez tenha sido um medo imenso. Mas, como o medo foi avassalador, nós o abafamos com uma camada de vergonha, convencendo a nós mesmos de que éramos culpados pela raiva de nossa mãe. Temporariamente nos consolamos com a ilusão de que poderíamos fazer alguma coisa a respeito dos ataques de raiva da mamãe. Só que quando mais tarde a autopiedade causada pela vergonha se tornou tão insuportável e não trouxe consigo a possibilidade de influenciar a situação, colocamos sobre ela uma camada de raiva de um metro de espessura: "Que mamãe mais estúpida!" Já que não é adequado se sentir assim e, é claro, a mamãe tem muitas qualidades, envolvemos tudo com uma camada grossa de tristeza: "É pena que sempre estou de mau humor quando a mamãe está por perto." E já que é muito importante para nós também demonstrar o quanto amamos a mamãe, amenizamos a situação e colocamos tristeza sobre as outras camadas. Essa carga emocional será agora acionada sempre que a mamãe, ou alguém que nos faça lembrar dela, nos confrontar com uma fúria incontrolável. Enquanto nosso sistema tenta aplicar todas as estratégias antigas à situação atual, podemos sentir apenas uma das camadas de sentimentos ou o desencadeamento violento de todas ao mesmo tempo. De um jeito ou de outro, só poderemos lidar com as antigas cargas, quando sentirmos aquilo que se apresentar. E, enquanto sentimos e nos expressamos – talvez até com o apoio de um interlocutor –, frequentemente o sentimento muda: por exemplo, a raiva se transforma em tristeza, a tristeza em

PARTE III – Emoções vividas

vergonha e a vergonha se torna medo. Assim, camada por camada, transitamos através de todo o nosso depósito emocional.

Quando essa passagem através dos sentimentos evoluiu e a descarga emocional ocorreu por si só, chega a hora de se relacionar com o passado de um modo novo, no momento presente, no tempo-agora. Como nos soa a interpretação daquela situação agora de uma perspectiva atual? Como nos sentimos em relação à ela, então? Em alguns casos só nos resta uma interpretação possível: é uma pena que tenha sido assim e não de outra maneira naquela época. É uma pena que mamãe tenha lidado tão mal com sua própria carga e que tenha descarregado tudo sobre mim. É uma pena que eu tenha sido sobrecarregado e ficado tão sozinho a ponto de nem sentir o meu medo. A tristeza nos ajuda a aceitar que na época algo era diferente do que gostaríamos que fosse e que nossa própria reação pode ter sido diferente do que teríamos desejado. E, algumas vezes, precisamos esclarecer coisas que estavam erradas naquela época e que continuam erradas hoje.

Mamãe tem hoje o costume de descarregar a sua raiva em nossos filhos e ninguém lhe diz nada a esse respeito. Em outras situações são necessários muitos anos para se compreender algo que na época era oculto para nós. Talvez isso tenha nos tornado muito fortes ao lidar conosco e isso não teria acontecido, caso a mamãe não tivesse descarregado sua raiva em nós.

Não importa qual interpretação escolhemos hoje e qual sentimento é gerado por ela, uma emoção é fundamentalmente diferente de um sentimento, na medida em que é gerada imediatamente. Está no tempo-agora, ela flui. Uma emoção pode surgir com muita força, mas não tem a qualidade avassaladora que um sentimento pode desenvolver em seu pior aspecto. Pelo contrário, uma emoção intensa é como um rio no qual se pode nadar – e isto se aplica a qualquer uma das cinco emoções: flui e me impulsiona. Trata-se de uma força que me carrega e na qual posso relaxar. Ela é minha

159

amiga e minha aliada, porque ela me ajuda a enfrentar a situação que se apresenta.

Especialmente quando se trata dos chamados pensamentos negativos, isso é, a princípio, difícil de imaginar. Poucos se lembram de uma experiência de tristeza intensa e que foi, na verdade, até bonita ou uma crise de raiva em que a força fluía como o fogo por todo o corpo e animava cada célula. Estas são exceções. Na maioria das vezes causa estranhamento a ideia de que a experiência com emoções negativas também pode ser bonita.

Vivenciar as sensações que acompanham cada emoção de maneira nova – como se nunca tivéssemos sentido – é pré requisito para isso.

## Identificar a emoção

Nós só poderemos concluir se uma emoção pode ser útil em uma situação depois de investigar o sentimento derretido em emoção, ou a emoção que surgiu naquele momento. Identificar uma emoção não significa somente senti-la, mas naturalmente também nomeá-la. O importante aqui é sentir, não nomear baseado em velhos hábitos. Nomear uma emoção sem senti-la se iguala a descrever um quadro sem tê-lo visto. É absurdo. Devemos primeiro sentir como essa força se move dentro de nós antes de dar um nome à ela.

Quando nomeamos uma força, é útil usar como um guia as cinco emoções descritas em detalhes na Parte I. Temos muitas palavras para designar as emoções em nossa língua, mas elas raramente são precisas. A maioria destes termos pode ser atribuída a uma das cinco emoções, outros descrevem não tanto a emoção em si, mas nossa incapacidade de lidar com elas. Em vez de usar "feliz", "bem", "contente" ou "alegre", podemos igualmente dizer que estamos animados. Não é tão importante qual o termo que usamos, mas, sim, que nos referimos a força certa. O mesmo se aplica, por exemplo, a "agressivo", "zangado" ou "irritado" em caso de raiva e "deprimido", "decepcionado", "desapontado" no caso da tristeza. Quando se trata de medo costumamos dizer "preocupado" ou "apreensivo", e a vergonha muitas vezes se esconde por trás da palavra "embaraçoso". E, é claro, estes são apenas alguns exemplos de como nomeamos as emoções. Portanto, se surgir outra palavra ao nomear uma emoção, precisamos voltar às cinco emoções originais e examinar a que emoção esse termo pode ser atribuído.

Entretanto, alguns termos não descrevem uma só emoção, mas combinações de emoções. Por detrás da palavra "desespero", por exemplo, quase sempre se esconde uma combinação de duas emoções diferentes que literalmente nos deixa perdidos. Aqui também temos que nomear separadamente as emoções por trás do termo e atribuir às cinco forças para depois poder fazer real uso delas. Nós podemos sentir muitas emoções ao mesmo tempo, isso não é um problema, desde que estejamos certos sobre que força se aplica a cada aspecto da situação.

Independentemente de estarmos lidando com uma ou várias forças, para utilizar essas forças de forma significativa, elas devem se relacionar ao meio ambiente e às nossas próprias necessidades.

---

### Exercício 11 – Reconhecer a emoção

Da próxima vez que você tiver uma sensação intensa, reserve um momento para nomeá-la.

Tire um momento para nomear a emoção. As seguintes perguntas podem ajudá-lo neste processo:

1. Qual é a forma que a emoção assume? Ocorre sob a forma de um sentimento, uma emoção pura ou uma sensação pseudo-física?

2. Se é uma emoção pura, que tipo de emoção é essa?

3. É a expressão sombria da emoção ou uma força construtiva?

4. Estou lidando apenas com uma ou com múltiplas emoções?

Uma emoção é, em si, uma força neutra. Se observarmos somente o plano das emoções, só reconheceremos qual força está presente e em que intensidade ela está disponível, e se essa força está em fluxo ou não. Se a força disponível e a interpretação alcançada estão de acordo, saberemos somente no contexto de nossos pensamentos (ver capítulo 5 – Emoções Alienadas na Parte II). E é somente no contexto da situação com a qual somos confrontados, e de nossas necessidades nessa situação, é que se torna claro o quanto a interpretação feita é apropriada afinal. Precisamos examinar minuciosamente ambos os temas – a necessidade e a situação, como ela se apresenta – para ir da emoção a força propriamente dita.

# 5 – Da emoção à força emocional

Para que uma emoção se torne uma força, ela deve estar fundamentada e alinhada com o que precisamos ou desejamos. Em contrapartida, a expressão negativa de uma emoção está fundamentada em uma certeza absoluta e se dirige contra ao que se apresenta. Gosto de chamar essas emoções de emoções-sombra. Segundo a bússola emocional, uma emoção-sombra baseada em uma certeza absoluta nega a nossa situação atual. Uma bússola só é útil quando nós sabemos (e aceitamos) onde estamos no momento e nos orientamos a partir deste local. Uma bússola pode ser de grande valia se sabemos e reconhecemos onde estamos e para onde gostaríamos de ir. Uma emoção-sombra se recusa a reconhecer onde está e exige estar em outro lugar; se recusa a aceitar, portanto, o caminho de A para B. Na prática, não surpreende que isto raramente tenha sucesso.

---

**Uma força emocional:**
- é baseada naquilo que é
- está alinhada com os nossos desejos

**Uma emoção-sombra:**
- é baseada em uma certeza absoluta
- se opõe ao que se apresenta

## O que diz a minha emoção?

Para uma interpretação ter sentido, não depende só da minha necessidade em relação àquela determinada situação. Por exemplo, se eu sinto a necessidade de viver uma relação monogâmica, mas meu parceiro está comprometido com o amor livre, a interpretação "isto está certo" não vai me levar a lugar nenhum. Posso até fingir que tudo está bem, mas logo me verei na sombra da alegria novamente: a ilusão de estar vivendo uma relação satisfatória. Um exemplo mais leve: amigos resolvem fazer uma festa-surpresa no meu aniversário. Na verdade, eu havia pensado em uma noite romântica a dois, já que depois de uma fase extenuante de trabalho tudo que eu não desejava era agitação. Para poder lidar com a lacuna entre o que é e o meu desejo, preciso lançar mão de uma das chamadas emoções negativas.

Se a lacuna será aceita, modificada ou confrontada, é uma coisa inteiramente diferente. O importante é que eu aborde essa lacuna. Ignorar este passo e, por amor aos meus amigos, dar pulos de alegria, seria manter as aparências – receita para estragar a festa de aniversário.

Para escolher a força da emoção adequada, preciso primeiro reconhecer as minhas necessidades. Na situação em questão, há primeiramente o desejo por tranquilidade. Provavelmente há também o desejo de não magoar os meus amigos que se esforçaram tanto para me preparar uma surpresa. Quando me oriento por essas necessidades e deixo de lado qualquer certeza absoluta, que a situação deveria ser diferente do que é, as emoções revelam-se como forças para mim.

A sombra de uma emoção não se alinha com uma necessidade, mesmo que a primeira vista possa parecer que sim. A sombra de uma emoção se alinha contra aquilo que é. Desejamos que a situação seja diferente, entretanto, recusamos assumir a responsabilidade por esse desejo. A energia da emoção é então dirigida contra

PARTE III – Emoções vividas

o que é – uma luta sem esperança, porque o que é sempre vence simplesmente por ser. A energia se consome até que não resta mais nada para se alinhar à necessidade. Para entender por que isso acontece, precisamos esclarecer o que impulsiona essa emoção.

---

**Emoções, suas sombras e forças:**
- Raiva: destruição –> clareza
- Luto: passividade –> amor
- Medo: paralisia –> criação
- Alegria: ilusão –> atração
- Vergonha: autodestruição –> humildade

---

## Qual a motivação da minha emoção?

No capítulo sobre certezas absolutas, expus em detalhes o que acontece quando uma certeza absoluta se esconde por trás de uma interpretação: nós nos perdemos na sombra da emoção ao invés de acionar a sua força. Uma vez que a certeza absoluta sugere que o que é não deveria ser, nós perdemos o contato com o que é. Apesar das tremendas tempestades que uma certeza absoluta é capaz de causar, elas não dão resultado algum, já que não têm uma relação com o que é.

É como a roda de uma caixa de câmbio que não está engrenada, se movendo a todo vapor: quando opto pela alegria absoluta – de acordo com o lema "já que meus amigos se deram todo esse trabalho, tenho a obrigação de me divertir" –, assim como quando rejeito a festa totalmente e me conecto a uma das forças negativas. Em ambos os casos eu me recuso a aceitar a situação e a me relacionar com o que é.

Mas, qual é o impulso de que precisamos para chegar até a força de uma emoção? O impulso é o enfrentamento. Entrar em

O PODER DAS EMOÇÕES

contato com aquilo que é ancora a emoção. E a dor que se tornou tangível nesse contato é o que impulsiona a emoção. Na medida em que não evitamos a nossa necessidade e nos alinhamos à ela, a dor cessa e passa a se mostrar pelo que realmente é – pura energia.

Vamos voltar àquele primeiro exemplo: estou em um café e minha amiga não aparece. Se me agarro à certeza absoluta de que isso não deveria ser assim porque as pessoas precisam ser confiáveis e pontuais, terei só as sombras das emoções disponíveis para mim. Posso então escolher entre pensamentos vingativos (raiva), mergulhar em ressentimentos (tristeza), paralisar (medo) ou cair em autorrecriminação (vergonha). Para ter acesso à paleta de forças emocionais e poder lidar com a situação mais adequadamente, temos que sair da certeza absoluta e dar um passo em direção às nossas necessidades. Em termos concretos isso significa que: para descobrir qual a minha necessidade, de fato, nessa situação, preciso primeiro aceitar, de fato, a situação. De outro modo, desejarei algo que não é possível – neste caso específico, que minha amiga tivesse chegado. Para poder abrir mão da certeza absoluta e me alinhar com a situação real, por via de regra, terei que me conectar primeiro com a dor.

Só então posso seguir e desejar que fosse diferente: o que não significa que eu não vá tomar medidas para mudar a situação. Mas apenas uma força de raiva que englobe o que é pode mudar o que é. E o mesmo se aplica a todas as outras emoções.

Algumas vezes pode ser muito desagradável aceitar a situação--que-é, tanto as situações que podemos modificar, como aquelas que não podemos. Pode ser desconfortável reconhecer que precisamos modificar algo, já que aí também teremos que fazer algo a respeito. E pode ser ainda mais incômodo reconhecer e aceitar que não há nada a se fazer a respeito de uma situação que nos desagrada.

Se formos realistas em relação a nós mesmos e deixarmos de lado nossos absolutos, descobrimos logo que temos certa margem

PARTE III – Emoções vividas

## Exercício 12 – Da certeza absoluta à expressão da necessidade

1. Escolha uma de suas certezas absolutas preferidas, (caso você ainda não esteja consciente de nenhuma, faça primeiro o exercício "Como reconhecer uma certeza absoluta" na pág. 123)

2. Reserve um momento para trazer a situação para o presente.

3. Formule o seu anseio ou a sua necessidade. Imaginar que uma fada boa lhe concede três pedidos, pode ajudar. Quais seriam os seus desejos em relação a esta situação?

4. Dirija a sua atenção para a discrepância o que é que é e o que você gostaria que fosse. Reconheça que esta lacuna é uma realidade. Sinta a dor que isso causa. Talvez você sinta também, o bem que faz reconhecer a sua necessidade e o seu anseio.

5. Se esforce para ter uma visão realista da situação:
   • Existe a possibilidade de fazer algo para atender a sua necessidade? O que especificamente você tem de interpretar como errado, o que você precisa fazer?
   • O que você precisa aceitar que é diferente do que você gostaria, já que você não pode modificar - ou seja, o que é uma pena?
   • É horrível porque não há como modificar nem como aceitar?
   • Ou é você que precisa reconhecer um erro?
   • Ou está tudo certo e bem como está, já que sua certeza absoluta era apenas um conceito sem nenhuma necessidade real por trás dela?

6. Reconheça que é sua decisão assumir a responsabilidade, ou seja, aceitar esta lacuna como um fato e sentir a dor. Assumir a responsabilidade também significa abrir mão do sofrimento porque você deixa de exigir que esta situação seja diferente antes de estar pronto para se envolver com ela. Responsabilidade também significa abrir mão do sofrimento porque você deixa de exigir que esta situação seja diferente antes de estar pronto para se envolver com ela.

7. Escolha a interpretação mais adequada para responder à situação. Aplique a força escolhida conscientemente, quando você se deparar com a situação.

de atuação na maioria das situações. Podemos escolher que interpretação dar a determinada situação, que emoção iremos gerar e, como resultado, quem somos em relação a essa situação. Assumimos responsabilidade na medida em que respondemos. Deixamos de ser vítimas de circunstâncias adversas e percebemos que cabe a nós responder a cada momento, dentro de nossas possibilidades.

## Verifique a interpretação

Uma vez que a direção e o ímpeto de uma emoção estejam claros, podemos nos voltar para a própria interpretação para ver quão significativa ela é naquele momento. É importante que sejamos precisos. Temos a tendência de generalizar, especialmente quando estamos emocionalmente envolvidos. Ao generalizar, atenuamos a situação e evitamos a responsabilidade. Como crianças, puxamos o cobertor sobre nossas cabeças e dizemos: "Não quero". É muito raro "tudo está errado" ou "tudo está horrível" ou "tudo é uma pena". Então, o que exatamente é vergonhoso, errado, ou terrível? O que é certo?

Uma situação simples pode envolver emoções complexas – mesmo que em doses muito pequenas. Por exemplo, se por acaso eu virar um copo de vinho tinto em um jantar com amigos, posso julgar errado meu descuido (vergonha) e julgar errado também o fato de o vinho ter derramado sobre a toalha de mesa branca (raiva). Provavelmente também acharei uma pena ter desperdiçado o vinho (tristeza). Mas, se o vinho não for tão bom assim, ficarei feliz em abrir uma nova garrafa, que provavelmente terá um sabor melhor. E, é claro, ainda posso sentir medo de que a mancha não venha a sair da toalha de mesa de Damasco da minha anfitriã. Todas essas emoções podem ser geradas em segundos, tanto sucessivamente quanto paralelamente. Cada uma delas pode me ajudar através de suas forças: a raiva, agarrando rapidamente um pano; a vergonha, me fazendo refletir sobre o que houve; a tristeza, para aceitar a perda do vinho; e o medo, para enfrentar as incertezas.

Quando estamos lidando com outra pessoa, precisamos saber exatamente o que nos incomoda. Dizer que a pessoa está completamente errada é simplesmente uma forma de não se relacionar com ela.

Portanto, a questão que temos que enfrentar é: *"A que exatamente essa interpretação se refere? O que está errado, é vergonhoso, terrível, correto ou o que exatamente posso melhorar a meu respeito?"*. Ao perguntar que comportamento achamos errado, uma pena, terrível ou certo, começamos a nos relacionar com o outro como ele é. Dependendo de quão conscientes estivermos no momento em que geramos a emoção, mais fácil será responder a essas perguntas. E quanto mais precisos formos ao formular a resposta, melhor poderemos avaliar se nossa interpretação é apropriada ou não.

A seguir passaremos por cada força emocional e mostrarei o papel que o alinhamento com as nossas necessidades desempenha em cada uma e como isso transforma a emoção em uma força que nos sustenta.

## A força da raiva pergunta: o que quero?

Vamos olhar mais uma vez para o exemplo simples do copo de vinho derramado. Acho errado aquele vinho espalhado ali e sinto raiva. Posso naquele momento me entregar à raiva infantil, me perdendo em uma certeza absoluta, de que aquele copo não *deveria* ter virado. Ou posso entrar em contato com a força da raiva madura, alinhando-me com minha necessidade: neste caso, meu desejo de uma toalha de mesa intacta. É este alinhamento que me coloca em contato com a minha bússola emocional que me norteia e permite que a força da raiva gerada se alinhe também com uma ação efetiva: alcançar o guardanapo de pano do meu vizinho de mesa ou pedir por um pano na cozinha. Embora isto não faça a toalha de mesa intacta, posso limitar os danos, mesmo que isso não deixe a toalha de mesa perfeitamente limpa.

O mesmo vale para a situação com o meu vizinho que decidiu fazer uma reforma em casa tarde da noite, descrita na Parte II. Me alinhar primeiro ao que é importante para mim – a minha tranquilidade – me dá também a orientação interna para me alinhar às minhas forças emocionais – nesse caso, a minha raiva – ao invés de me perder nelas.

Mas, como se comportam as demais forças emocionais? Será que neste caso trata-se também de um alinhamento com a minha necessidade para que ela possa se desdobrar em uma força? Pode parecer, a princípio, que apenas a raiva determine um direcionamento claro para o certo e errado pessoais.

Mesmo que não pareça óbvio no início, as demais forças emocionais também precisam se conectar com a nossa necessidade, a fim de se alinharem de forma significativa.

## A força da tristeza pergunta: do que preciso?

A tristeza só se torna uma força quando reconhecemos nosso anseio ou a nossa necessidade e, através dela, aceitamos o que agora é. Dessa forma podemos transpor a distância entre o que é e o que gostaríamos que fosse. A força da tristeza nos diz: "O seu desejo não está errado nem tampouco o que é. Simplesmente não é possível neste momento". Vamos olhar o copo de vinho virado por este ponto de vista. Acho uma pena que o vinho tenha sido derramado, pois gostaria de tê-lo bebido.

Alimentado pela absoluta certeza de que o vinho ainda deveria estar lá, nós rapidamente afundamos na lama de uma tristeza imatura. Nosso monólogo interno assume, então, uma nota dramática ou até mesmo fatalista: "É óbvio que tinha que ser o meu copo e não o da Sabine! Sempre que estou ansiosa, algo assim acontece!

PARTE III – Emoções vividas

Claro que não seria meu último copo de vinho bom!'". Somos engolfados por autopiedade e depressão.

É claro que é divertido imaginar o nosso monólogo interior acontecendo dessa forma, no caso de um exemplo tão pouco dramático. Isso não é um exagero? Neste caso, provavelmente é. No entanto, se considerarmos que o vinho derrubado também poderia ser um amor perdido ou mesmo o luto pela morte de um ente querido, as coisas mudam completamente: "Estava claro que ela me deixaria, uma coisa assim nunca aconteceria com o Roberto! Toda vez que estou feliz acontece alguma coisa! Por que eu deveria ter o direito a um relacionamento com uma mulher incrível?"

Seja um copo de vinho derramado ou a perda de um grande amor: a tristeza só passa a ser uma força a partir do momento em que nos conectamos à nossa necessidade. Qual era o meu desejo? Que necessidade minha teria sido atendida através daquele copo de vinho ou daquela pessoa? A partir do momento em que reconheço minhas necessidades pessoais, posso ao mesmo tempo perceber, aceitar e apreciar o que é. Assim mantenho vivo o que é importante para mim. Cedo ou tarde o desejo encontrará expressão: uma nova garrafa de vinho de sabor agradável será aberta e talvez uma nova mulher entrará na minha vida, mulher com qualidades semelhantes àquela que perdi.

## O poder do medo pergunta: qual é o meu desejo?

Nossa necessidade e nosso anseio também são âncoras importantes para a força do medo. No caso do vinho derramado, havia o medo de manchar a toalha de mesa cara da minha amiga, mas também de arruinar minha relação com ela.

Não consigo mudar nem aceitar o fato de ter virado o copo de vinho e não sei como minha amiga reagirá e minha relação com ela é importante. Eu nunca estive nesta situação antes e a força do medo pode me ajudar a lidar com ela. É a orientação que dou ao meu anseio ou necessidade que orienta a emoção: neste caso, manter o bom relacionamento com a minha anfitriã. Sem este alinhamento é provável que a sombra do medo me envolva e torne ainda mais difícil lidar com a situação de forma adequada. A partir desta orientação posso me entregar à força criativa do medo e me colocar em contato com todas as possibilidades.

Posso pedir desculpas, posso me oferecer para comprar uma toalha nova ou pagar uma limpeza profissional, ou posso perguntar o que minha anfitriã gostaria que eu fizesse. E posso fazer tudo isso sabendo que talvez nenhuma dessas opções conserte minha relação com ela ou retorne a toalha de mesa ao seu estado original.

Mais uma vez, o medo que sinto pode parecer exagerado para uma situação tão simples. Mas também é fácil transferir este exemplo para uma situação de vida mais dramática e perceber que a dinâmica básica é a mesma: e se não for sobre um copo de vinho que eu derramei acidentalmente sobre a toalha herdada da minha anfitriã, mas sobre o marido da minha melhor amiga com quem acabei na cama depois de uma festa glamurosa enquanto ela estava fora em uma viagem de negócios? O meu medo de encontrá-la seria o mesmo, provavelmente muito mais intenso; assim como minha necessidade de restabelecer meu relacionamento com ela; assim como a incerteza sobre se isso seria possível. Permanecendo em contato com minha necessidade, posso me engajar com a força do medo, deixar que ela me leve para além do limiar do incerto e direcionar seu poder criativo para o que é realmente importante para mim.

## A força da alegria pergunta: o que eu quero comemorar?

A alegria se torna uma força quando tem relação com o que realmente nos importa. Por exemplo, será que me comprometi com o ideal do amor livre e, portanto, devo achar bonito e bom quando o homem que amo se apaixona por outra mulher? Minha alegria em uma situação como essa só terá força se esta for uma

PARTE III – Emoções vividas

necessidade real ou um desejo meu. Não basta cobrir o meu ciúme, a minha dor, a minha raiva ou a minha tristeza com uma camada de alegria e dizer "isso é lindo!" se minha necessidade real é, sim, ter uma relação monogâmica.

Da mesma forma, quando minha mãe é da opinião de que devo apoiar meus filhos no desenvolvimento de seus potenciais criativos recebendo com entusiasmo o ensaio da banda de Junior e companhia na minha sala de estar, enquanto tudo o que desejo é tranquilidade. Apenas se eu tiver um outro desejo tão autêntico quanto aquele por tranquilidade, como o de proporcionar ao meu Junior um espaço para ensaio, é que a alegria se torna também uma força.

## A força da vergonha pergunta: que tipo de pessoa desejo ser?

Por último gostaria de falar sobre a vergonha e esclarecer que essa emoção só poderá ser utilizada como uma força se estiver ligada às nossas necessidades. Vamos tomar os exemplos do copo de vinho e da amiga traída mais uma vez.

Com uma certeza absoluta me manterei presa na sombra da vergonha, mobilizada por forças que efetivamente me levarão à autorrepressão e, dificilmente, uma autorreflexão saudável será possível. Estar atenta à minha necessidade me dá essa orientação. Em ambos os casos: restabelecer relações com a minha anfitriã e com a minha melhor amiga, a força da vergonha me ajudará a refletir sobre como o meu comportamento perturbou esses dois relacionamentos. Por isso serei mais cuidadosa no futuro: mesmo nervosa, tomarei mais cuidado à mesa ou mais cautelosa com o consumo de álcool na presença de homens atraentes e de quem eu quero manter distância. São apenas dois exemplos de lições que posso aprender com essas situações. A partir daí, a força da vergonha me ajudará a assumir a responsabilidade pelos meus atos. A vergonha sem uma certeza absoluta me coloca a questão, *que tipo de pessoa eu gostaria de ser?* Com base na minha resposta a esta pergunta posso decidir, do meu ponto de vista, o que é certo, errado, lamentável e terrível.

A força contida na vergonha me dá a liberdade de escolher uma posição. Ao invés da pergunta: "Como devo ser para estar adequada?" surge a pergunta muito mais poderosa: "Quem desejo ser? O que considero correto?" Estas perguntas são possivelmente difíceis de serem respondidas, já que nunca antes tivemos tanta liberdade em escolher como hoje. Nunca antes o âmbito do que é aceitável foi tão amplo como hoje. Não dá mais para se esconder por trás de regras gerais válidas para todos, uma vez que elas não existem mais. Ainda assim, ainda estamos acostumados a buscar algo assim. Todos temos lembranças de quando éramos adolescentes e tentávamos a todo custo 'pertencer'. Muitas pessoas nunca param.

Este instinto foi importante para a nossa sobrevivência durante milênios, já que nossa sobrevivência realmente dependia disso. O fato de nossa sociedade ter o livre desenvolvimento do indivíduo como um alto valor levou a uma liberdade de escolha sem precedentes. Apenas diante da pergunta "quem desejo ser?" e da resposta honesta e responsável poderemos utilizar a vergonha como uma força.

Em relação ao nosso exemplo, o meu comportamento não foi absolutamente errado porque não se deve dormir com o marido da minha melhor amiga. Existem pessoas hoje para quem isso é perfeitamente aceitável, se for um desejo em comum. Se é certo ou errado, eu só poderei julgar depois de ter me feito as perguntas "que tipo de pessoa desejo ser?" e "o que é importante para mim?". Se o meu comportamento causou dor à minha amiga e se isso for importante para mim, então pessoalmente isso está errado, pois não quero ser o tipo de pessoa que magoa a amiga.

PARTE III – Emoções vividas

Para ilustrar vamos pegar mais uma vez o exemplo do Burnout da Parte II. As perguntas "que tipo de pessoa desejo ser?" e "o que é importante para mim?" têm um papel central no tratamento do Burnout. Se inicia por um processo de reflexão profundo sobre a própria vida e aquilo que é realmente importante. Muitas vezes fica evidente que a profissão escolhida e o ritmo de vida não nos satisfaz, que estamos presos a alguma obrigação social imaginária, que devemos atender a certas expectativas sociais. O passo da emancipação interior para a própria interpretação do que significa ser uma boa pessoa é central na cura de Burnout. Em seguida, reconhecemos que nosso fracasso não é um erro absoluto, mas talvez uma expressão saudável da recusa em assumir padrões que nem eram nossos. Este é o presente da força da vergonha.

Falamos em detalhes de como cada emoção, através do contato com aquilo que é e o alinhamento com aquilo que nos é importante, pode se tornar uma força. Quando esses pontos de referência ficam claros para nós, é tempo de voltar para a emoção.

## Estabelecer uma relação com a emoção

A força de cada uma das emoções está associada a sensações bem específicas. Se temos um problema com uma emoção específica, fazemos normalmente todo o possível para não sentir justamente aquelas sensações. Mas, se queremos utilizar essa emoção como uma força, precisamos perder o medo de contato com aquela emoção. Se não ousamos tocar uma espada por medo de nos ferirmos, então não podemos empunhar a espada.

Começamos a nos relacionar com uma emoção a partir do momento em que nos familiarizamos primeiro com as respectivas sensações. Só quando tiramos nossa atenção de nossos pensamentos e de nossas estratégias de evasão e a dirigimos às nossas sensações é que podemos encontrar a força de nossas emoções. Através dessa experiência passamos a perceber cada emoção indi-

175

vidualmente e que cada uma delas está associada à sensação muito próprias. Quanto mais nos permitimos sentir puramente as sensações, mais claro fica de que se trata apenas de sensações. Uma pressão aqui, um calor ali, um vazio acolá. Isso é tudo. E percebemos que por detrás dessas sensações está uma força, porque todas essas sensações são apenas sintomas de uma determinada energia circulando dentro de nós naquele momento. Acabamos de tocar na força da emoção.

Cada um percebe essas forças de uma forma diferente. Ainda assim, darei uma breve descrição de como vivencio cada uma dessas forças. Talvez essas descrições ajudem a clarificar a essência dessas forças.

## Raiva

Quando o poder da raiva é ativado e flui no meu sistema,
ela flui por todo o meu corpo como uma onda de calor.
No centro do meu corpo, sinto uma linha clara,
como uma espada,
que me mantém centrado e dá clareza a esta força.
Esta força não conhece dúvidas e não hesita.
Flui através de mim como fogo e atinge seu objetivo rapidamente,
precisa e eficaz.
Ela sabe o que quer.
O caminho é irrelevante.
A força se impõe.
Não conhece dúvida,
Sua determinação é absoluta.
Eu sou essa força

## Tristeza

É um espaço de silêncio que se espalha dentro de mim.
Tudo afunda, torna-se pesado e imóvel.
As ondas dentro de mim suavizam, as águas param.
Uma vastidão se abre onde eu posso respirar.
Eu olho para as coisas como elas são.
Estou cheio de saudades e de arrependimento
e, ao mesmo tempo, sinto algo dentro de mim derreter em amor.
Sou grata.
Sou grata pelo que é,
porque eu vejo a totalidade das coisas
na imensidão que se abre.
Eu sou amor.

## Medo

Meu sistema inteiro congela.
Isso me tira o fôlego.
Algo treme, eu não sei se dentro de mim ou fora.
Meu sistema se contrai,
se condensando em direção ao meu centro
como um ponto que atrai e absorve.
Tudo é escuro, em mim, em mim.
Os limites estão se dissolvendo.
É no desconhecido que eu estou caindo,
o coração do mistério, dentro de mim.
De repente, imensidão, no meio deste núcleo escuro.
Formigamento, excitação, algo novo está acontecendo, eu sinto isso.
Me dissolvo e me reformulo,
o desconhecido está lá.

## Alegria

Ela se eleva do meu centro,
como se fosse uma fonte de luz brilhante na minha barriga.
Borbulha e ri,
Quase sinto cócegas.
As risadas são
Como bolhas de ar
nas paredes internas do meu corpo.
O mundo me acompanha.
A beleza é o que é.
Meus pés querem pular e dançar,
Cambalhotas dentro da barriga
Eu me regozijo,
Eu estou voando.

# Vergonha

Estou me dissolvendo por dentro.
Meu rosto, cada vez mais quente
enquanto o buraco dentro de mim cresce cada vez mais.
Eu desapareço.
Calor, ausência, silêncio, dissolução.
Formigamento.
Eu posso sentir cada parte imperfeita.
Percebo como sou pequeno.
Na verdade, eu não existo.
Eu me sinto leve e livre –
livre de minhas pretensões, de meus erros, de minhas arrogâncias,
e pretensão de perfeição.
Minha respiração, livre novamente, junto ao vazio dentro de mim.
Eu sou humildade.

## Permitir a força

Enquanto sentimos a emoção em determinada situação, a força desta emoção nos acompanha. Essa força sabe o que precisa ser feito. A solução para a situação surgirá a partir desta força, se tivermos a paciência para sentí-la e deixá-la se desdobrar. O que estava preso, se solta, o desconhecido se mostra, imperfeições são superadas. Se existe algo a ser feito externamente, a força saberá. Ela também sabe quando o trabalho é interno, quando algo precisa ser esclarecido, realizado ou fortalecido.

Quando estamos em posse da força de nossa raiva, em geral não há a necessidade de gritar ou se tornar violento. O fato de simplesmente entrar em contato com essa força transforma nossa vida. A força da raiva se iguala, então, a uma espada que carregamos, mas não usamos. Apenas por carregá-la, faz com que nossas palavras possuam uma nova autoridade e clareza, diferente do que seria se não estivéssemos carregando-a. O mesmo vale para as outras emoções. A tristeza autêntica nos enche de uma força, o amor, possibilita o reconhecimento e apreciação. O medo nos leva até o limiar do desconhecido, e este se revela para nós – no espaço que contém a solução para o que é aparentemente insolúvel. A vergonha nos leva até a humildade, onde podemos admitir nossos pontos fracos, e ao mesmo tempo assumir responsabilidade por aquilo que está acontecendo. E a alegria nos dota de um magnetismo que nos torna atraentes e nos confere uma autoridade natural.

Quando descobrimos a simplicidade de como as emoções funcionam em nossas vidas, torna-se natural para nós lidarmos com elas dessa forma. Já não nos envergonhamos mais por nossas emoções negativas, pois estamos cientes de que justamente essas emoções serão necessárias em determinadas situações. E deixamos de perseguir a alegria, já que sabemos que ela tem seu lugar assegurado na nossa bússola de emoções. Passamos a experimentar todo momento de um jeito novo, enquanto a força de cada uma das emoções nos enriquece e apoia.

# 6 – O Objetivo é o Caminho

Uma das maiores armadilhas no caminho da cura emocional ou do desenvolvimento das suas capacidades emocionais é a tentativa de resolver o problema ao invés de sentir a emoção. As suas emoções não são o problema, assim como também não são os seus sentimentos ou suas programações biológicas, nem mesmo a sua dor física. A vida em si não é um problema, contanto que não façamos isso dela. Toda emoção, todo sentimento, toda dor e todo desequilíbrio simplesmente estão ali, quer você esteja certo ou não. E você precisa de todos. Eles são uma parte sua.

Explorar as suas emoções é uma viagem em que pouco importa chegar a um determinado objetivo mas, sim, desfrutar do caminho. Significa que o mais importante é permanecer com aquilo que é, ter em mente um objetivo específico, de como você gostaria que fosse. O ideal de uma pessoa inteiramente curada pode até ser um retrato bonito, mas não ajuda em nada quando você explora as suas próprias emoções. Ao contrário, pode fazer com que sejam criadas ainda mais certezas absolutas de como nós e os outros deveríamos ser, o que agrava ainda mais a situação.

Quando você passa a considerar partes do caminho um problema, você desistirá desse caminho. Você irá se recusar a reconhecer este caminho como um caminho possível. Você dirá: "Isto aqui não é um caminho, é uma montanha. Uma montanha não é um caminho, uma montanha é um obstáculo. Se é para eu caminhar, que pelo menos haja um caminho ou pelo menos um helicóptero para me levar além dessa montanha, já que essa montanha nem deveria estar aqui."

Sim, você também encontrará montanhas dentro de você – montanhas essas que estão lá porque você as criou. E nelas existe uma parte de você. No caminho sobre e através dessas montanhas, você encontrará partes de si mesmo que você acreditava perdidas, e a partir desses muitos topos de montanhas você avistará uma clareza que jamais pensou ser possível.

As emoções não são um problema, você não é um problema. Trata-se simplesmente de dar sempre o próximo passo, sentir o que é, perceber o que é.

A cada respiração. A cada passo.

# APÊNDICE

# Nem tudo o que você sente é uma emoção

Este livro é como um manual de instruções para as emoções. E, de fato, para aquelas emoções que podem ser desenvolvidas e utilizadas como sociais, já que sua missão natural é nos capacitar. Como já foi mencionado na introdução, existem inúmeras outras sensações que comumente designamos emoção, mas que não preenchem os critérios de uma força.

Já foi discutido em detalhes a respeito das emoções como forças sociais e dos sentimentos. Também abordamos as sensações físicas, pelo menos no sentido relevante para as nossas emoções. Só não entrei nos assuntos dois e cinco, programação biológica e as habilidades ou estados de consciência.

Eu decidi que neste livro eu me concentraria nas emoções como forças sociais – uma vez que há tanto para se aprender e explorar. Poderiam ser escritos vários livros dedicados às capacidades, assim como a relação com as programações sociais. Sairia do escopo deste livro tratar a fundo também desses dois assuntos.

> **No início distinguimos cinco tipos de sensações:**
> 1. As sensações físicas
> 2. A programação biológica
> 3. As emoções puras
> 4. Os sentimentos
> 5. As habilidades ou estados de consciência

No entanto, como sei que a confusão em relação a estas áreas pode prejudicar muito a compreensão das emoções puras, gostaria de dedicar algumas páginas a elas.

# Programação Biológica

Uso o termo programação biológica para designar um grupo de sensações em que a missão é assegurar nossa sobrevivência como espécie. Programação biológica ou instintos podem desencadear sensações muito fortes e sua intensidade pode exceder e muito a de uma emoção ou sentimento. Essas sensações seguem os ditames de nossa natureza primordial, cujas questões são muitas vezes contrárias ao que consideramos social, moral ou eticamente apropriado.

Freud se referiu a esta parte de nós simplesmente como "Id", expressando assim o quão pouco nos identificamos com ela ou queremos nos identificar. As emoções têm, certamente, má reputação porque não podem ser diferenciadas da programação biológica.

## Como é acionada uma programação biológica?

Ao contrário das emoções puras, a programação biológica não surge de uma interpretação, mas é acionada por estímulos que geralmente são processados inconscientemente. Muitas vezes só percebemos que uma determinada programação, como o ciúmes, a paixão ou a aversão, nos dominou sem motivo aparente depois que o nosso corpo inteiro já está no mais alto grau de excitação.

É claro que esta programação é muitas vezes acompanhada de emoções como raiva ou alegria. No entanto, após observação atenta, notamos que essas emoções, assim como qualquer outra, só foram geradas através de uma interpretação. Por isso, quase todos os apaixonados interpretam que o fato de estarem apaixonados é bom e se alegram com isso.

Assim, no caso do ciúme com frequência concluiu-se que algo está errado e sentimos raiva. O nosso parceiro está errado, a terceira pessoa, aquela que provocou o ciúme está errada, ou até nós mesmos, porque temos a pretensão de estar acima de tais impulsos.

> **Exemplos de programação biológica:**
> - Inveja
> - Ciúmes
> - Ganância
> - Aversão
> - Desejo/ desejo sexual
> - Apaixonado
> - Fome e sede
> - Instinto de fuga (medo biológico)
> - Instinto de combate (raiva biológica)
> - Sentimentos competitivos
> - Sentimentos maternos

Ainda que essas emoções não façam parte da nossa programação biológica, isso pode dificultar bastante a nossa relação com ela. Rapidamente nos vemos mais uma vez envoltos em uma mistura de emoções, sentimentos e programações biológicas, onde cada sensação parece atirar para um lado.

## Uma longa história

Nossa programação biológica se desenvolveu ao longo de mais de três milhões de anos.

Somente nos últimos cem anos houve um desenvolvimento tão rápido que trouxe consigo uma desnaturalização de nossa sociedade. Não é surpreendente como grande parte desta programação nos parece, hoje, fora de contexto. O ciúmes que leva a um assassinato ou o instinto reprodutivo servir de impulso para o estupro são tão inapropriados quanto darmos vazão à agressividade reservada para a defesa de nossa sobrevivência. Na Idade da Pedra, há pouquíssimo tempo em termos históricos, é provável que

## Uma antiga estratégia

Sentir que uma programação biológica está ativa em nós, não é necessariamente um problema. A razão dessas programações é garantir a nossa sobrevivência e reprodução de nossas vidas. Isso só se torna um problema quando percebemos que naquele momento a programação está fora de contexto.

> **Relacionamento com as programações biológicas:**
>
> • Lide com o estímulo cuidadosamente.
> • Sinta a sensação.

O ciúme é um exemplo comum disso. Muitas pessoas são assombradas por sentimentos de ciúmes quando o parceiro ou a parceira está interagindo com uma pessoa do sexo oposto, ainda que racionalmente saibam que essa pessoa não representa uma ameaça para o relacionamento. Mas estar ciente disso não serve para nada, já que o ciúme, enquanto programação biológica, não nasce de uma interpretação e, sim, diretamente de uma sensação. A imagem do nosso parceiro ou parceira com alguém atraente não requer uma interpretação nem permite uma reinterpretação. Segundo a nossa programação biológica está muito claro: trata-se de um problema. Tentativas de erradicar este tipo de estímulo têm uma longa tradição em muitas culturas e continua até hoje. Mulheres são obrigadas a usar véus, o contato com homens fora de suas famílias é reduzido ao máximo. Muitas religiões e sistemas opressores baseiam-se em um princípio básico: convencer as pessoas de que suas programações biológicas são uma ameaça e, então, oferecer soluções para o problema. Nos convencer de que nossas programações biológicas são más não é tão difícil assim. Basta nos darmos conta de que a sua intensidade brutal coloca facilmente a perder todos os ideais tão estimados. Amor livre,

APÊNDICE

tolerância? Fidelidade, até que a morte nos separe? Quando o amor da nossa vida vai embora com outra pessoa, ou quando a nossa existência está em risco, a coisa fica séria. Algo se apodera de nós e, contra todo o entendimento, nós não nos reconhecemos mais.

## Uma nova maneira de lidar

Todo exorcismo parece ser em vão. Em relação às nossas programações biológicas, tem se mostrado ineficaz qualquer forma de repressão por reza ou por racionalização.

Afinal de contas, elas vêm se especializando ao longo de milhões de anos exatamente nisso: ser intransponíveis. É ingênuo pensar que poderemos mudar isso em alguns séculos, muito menos em alguns poucos anos. No entanto, somos capazes de encontrar uma maneira alternativa para tratá-las: primeiro, lidando com o impulso inicial; depois, conscientemente, sentir o fluir das sensações em nós, ou seja, desenvolver a vontade e a capacidade de sentí-las.

## Cuidado com os estímulos

Lidar cuidadosamente com os estímulos significa que os reconhecemos pelo que são e que lidamos com eles de acordo. Como mencionado antes, esses impulsos foram demonizados em muitas culturas e estruturas sociais inteiras se estabeleceram de forma a evitá-los. Isso cria uma hipersensibilização dos impulsos, de maneira que até um braço exposto pode provocar um forte desejo sexual.

Podemos observar exatamente o oposto em outras culturas. Para fins publicitários, os impulsos da programação biológica são especialmente direcionados com o intuito de incitar a compra compulsiva. Indústrias inteiras focam em, supostamente, satisfazer as programações estimuladas. Se passarmos dias olhando fotos de pessoas bonitas, seminuas, em poses provocativas, e não tivermos relações sexuais, o excesso de estímulos poderá levar a um forte entorpecimento dos sentidos, já que a verdadeira satisfação não se materializou.

Isso tem exatamente o efeito oposto à prevenção dos estímulos. Os estímulos vão precisar ser cada vez mais intensos para evocar qualquer coisa em nós. Encontrar uma abordagem cuidadosa significa não abusar dos estímulos nem evitá-los completamente. Vamos retornar ao exemplo do ciúme. O abuso dos estímulos, neste caso, significa buscar e anotar atentamente cada mínimo sinal de que o parceiro está se divertindo. Claro que isso apenas estimula um ciúme cada vez mais intenso. Se combinado com uma certeza absoluta de que aquelas sensações são absolutamente erradas, teremos uma receita ótima para um relacionamento dramático. Infelizmente, o resultado, muitas vezes, é o nosso parceiro se afastar de nós. E isso só parece confirmar a veracidade do nosso ciúme original. Por outro lado, evitar o estímulo por completo significa que nosso parceiro deixará de conversar com mulheres ou com homens, pois temos convicção equivocada de que isso faria a nossa programação biológica desaparecer. Muitos casais que seguiram este caminho contam uma história bem diferente: a consequência de evitar o estímulo cria uma maior sensibilidade. Como resultado, nasce um círculo vicioso onde falar com o carteiro pode vir a ser um problema.

Ambos os extremos têm em comum a tentativa de derrotar a programação biológica – e falhar. A primeira tentativa falha porque, através de um confronto cada vez mais intenso com o estímulo desencadeante, criamos sensações de uma intensidade que não podemos mais suportar. É então que perdemos o contato com a situação em si e nos vemos forçados, de alguma forma, a agir contra o nosso parceiro. O trágico é que em circunstâncias normais, em que a programação não foi ativada, nós saberíamos muito bem que o amor e a fidelidade de nosso parceiro não estão em questão, de forma alguma. No segundo caso, tentamos nos livrar da programação sem nem ao menos ativá-la.

As duas tentativas estão fadadas ao fracasso, pois partem da premissa de que programações podem deixar de existir. Este não é o caso. Se pudéssemos simplesmente anulá-los, teríamos desaparecido como espécie há muito tempo.

Uma vez claro que a programação é uma parte inseparável de nós, podemos encontrar uma forma nova e honesta de lidar com ela, aprendendo a sentir e permitir conscientemente as sensações desencadeadas dentro de nós. Somos capazes de fazer isto, a partir de um empenho gentil, que não estimula demais e nem pretende extinguir a programação.

## Carregar significa sentir

Assim como com as emoções, o objetivo é aprender a fazer as pazes com as sensações. Somente quando nos permitimos sentir as sensações que uma programação biológica provoca em nós é que teremos uma escolha ao lidar com tal programação. Por "sentir" me refiro a capacidade de permitir a sensação sem querer me livrar dela de alguma forma.

Uma programação biológica não desaparece ou se modifica através da atenção que lhe damos, diferente de uma emoção, um sentimento ou uma dor emocional. A atenção apenas cria um espaço em nós, para que tenhamos uma escolha ao lidar com ela. Não precisamos atuar nem reprimir ou rezar para que ela desapareça, pois sabemos que ela é uma parte natural de nós.

# Habilidades ou Estados de Consciência

Os estados e faculdades/ habilidades são o último grupo de sensações, mencionado no início, mas não foram discutidos em detalhes até o momento. Trata-se aqui de fenômenos que não estão atrás das emoções no quesito complexidade, portanto, não é minha pretensão esgotar o assunto em apenas algumas páginas.

Entre as habilidades ou estados de consciência conto as sensações como o amor, confiança, compaixão, aceitação e devoção. Estes fenômenos, que muitas vezes tomamos por emoções, eu chamo de habilidades ou estados de consciência, uma vez que precisam ser desenvolvidos primeiro. Tudo que é necessário para nos colocarmos nesses estados é a disposição para desenvolvê-los.

> **Exemplos de Habilidades e Estados de Consciência:**
> - Amor
> - Confiança
> - Aceitação
> - Devoção
> - Conectividade
> - Compaixão
> - Gratidão
> - Respeito
> - Cuidado

### Por exemplo, o amor

O entendimento mais abrangente de uma habilidade nós devemos, provavelmente, ao psicólogo social Erich Fromm. Seu livro "A Arte de Amar" explica, de

APÊNDICE

forma impressionante, que amar é uma arte que devemos primeiro adquirir. Mas é muito conveniente deixar isso de lado e agir como se o amor fosse uma coisa que cai do céu e que, como a seta de cupido, nos pega de costas desavisadamente. Esta compreensão do amor nos liberta de qualquer responsabilidade quando ele vai embora mais uma vez e somos obrigados a questionar nossa própria capacidade de amar.

Frequentemtente, confundimos o amor com programações biológicas, como a paixão e o instinto materno, e, também, a emoção da alegria provocada por nossas próprias interpretações, não sobre a outra pessoa em si, mas sobre uma função que ela exerce. Mal conseguimos perceber a diferença enquanto a pessoa cumpre essa função de forma satisfatória. É fácil nos convencermos de que amamos a pessoa e não o fato de ela cozinhar para nós, educar nossos filhos e alimentar a nossa autoestima. Somente quando essas funções deixam de ser cumpridas é que o amor é questionado e confrontado como uma habilidade.

A habilidade de amar inclui aceitar aspectos das pessoas de que não gostamos. Enquanto gostamos de tudo em uma pessoa, como acontece no auge da paixão, nós não precisamos do amor. A pessoa atende às nossas necessidades, sentimos que isso é bom, e ficamos felizes.

O amor, no sentido de habilidade, só entra em cena quando nos confrontamos com lados das pessoas de que não gostamos. O amor é a habilidade de perceber esses lados como parte de um todo, sem negar o nosso próprio desagrado em relação a eles. Negando nosso desagrado em relação a eles, deixamos de nos amar.

O amor verdadeiro, então, é a fusão de opostos. Essa fusão nos capacita a interpretar que existem coisas erradas e tristes e, ao mesmo tempo, a aceitá-las.

Apenas expressamos nossa posição e, assim, nos relacionamos com elas. O amor só desaparece quando transformamos nossa posição em uma certeza absoluta e condenamos características ou pessoas.

## O amor começa com uma decisão

Como acontece com qualquer outra arte, para se aprender e desenvolver habilidades como o amor, isso requer de nós um forte compromisso interior e uma prática constante. É preciso uma decisão consciente para se desenvolver uma habilidade. Não acontece simplesmente.

O próximo passo consiste em nos familiarizarmos com a particularidade dessa habilidade e de nos envolvermos cada vez mais com ela. A singularidade do amor, em minha opinião, está em sua capacidade de apreciar uma pessoa, ou mesmo a vida, em sua totalidade. Uma expressão importante do amor é o reconhecimento dessa totalidade e da relação respeitosa com ela. O amor reconhece o mistério naquilo que é, por isso respeita.

Desenvolver uma determinada habilidade é uma missão para a vida inteira. É preciso anos para chegar na essência de uma habilidade e para que possamos conviver com ela naturalmente. Um olhar atento e percebemos que essas habilidades não são fenômenos isolados. Ao contrário, o desenvolvimento da consciência promove o desenvolvimento de nossa capacidade de amar e vice-versa.

Eu poderia fazer exatamente a mesma afirmação sobre qualquer habilidade. De certa forma, portanto, poderíamos também dizer que cada uma dessas habilidades é uma porta que nos leva a um certo estado em que nós nos percebemos gratos, amorosos, confiantes e conectados.

A experiência autêntica desses estados é caracterizada, independente das circunstâncias externas, por um sentimento de profunda paz interior e nos realiza mais do que a satisfação de qualquer necessidade jamais poderá.

# Checklist Emocional

As perguntas a seguir podem nos ajudar a obter clareza sobre nosso atual estado emocional e a aplicar o conhecimento apresentado neste livro em pontos específicos de nossas vidas .

1. O que estou sentindo? É uma sensação física, uma emoção, um sentimento, uma programação biológica ou um estado de consciência? (Ver páginas 22-24 e 186-194)

2. Quando sinto uma emoção, consigo perceber sua forma pura ou ainda sinto como sensação pseudo-física ou como um sentimento? (Ver páginas 88-93, 145, 150-155 e 161)

3. Se atualmente já sinto a sua forma pura, qual é a sua respectiva interpretação e a que se refere? (Ver páginas 33 e 72)

4. Essa interpretação é adequada? É justa em relação a mim e a situação? (Ver páginas 168 e 169) Trata-se mesmo de uma interpretação pessoal ou ainda é uma certeza absoluta? (Ver página 167)

5. Posso confiar na minha interpretação dessa emoção? (Ver páginas 137-146)

6. Dou permissão à força emocional de atuar? (Ver páginas 175-182)

# Glossário

**Atenção**: Foco consciente.

**Bom**: Resposta natural à interpretação da força da alegria (ver também *Certo*).

**Certo**: Resposta natural à interpretação da força da alegria (ver também *Bom*).

**Consciência**: Aquele que percebe.

**Culpa**: Resposta natural à interpretação da força da vergonha.

**Dor**: Resposta natural à interpretação da força da tristeza.

**Emoção**: um termo que pode comumente denotar qualquer sensação difusa; no sentido de uma emoção pura, sinônimo de força emocional.

**Errado**: Interpretação subjacente da força da raiva exteriorizada; interpretação subjacente da força da vergonha, interiorizada, ou seja, relacionado ao eu (ver também *Culpa*).

**Estímulo**: Informação que é captada por um órgão dos sentidos e transmitida ao cérebro; um estímulo percebido conscientemente é uma sensação.

GLOSSÁRIO

**Certeza absoluta:** Exigência que não reflete uma interpretação pessoal, mas tem um sentido absoluto; origem do sofrimento emocional.

**Força:** energia disponível.

**Força da alegria:** Emoção gerada pela interpretação "Isto é bom" ou "Isto é bonito"; harmonia; indício da direção certa ou concebida como correta; nossa percepção em relação às coisas que nos convêm.

**Força da raiva:** Emoção produzida pela interpretação "Isto está errado"; sinal de ação.

**Força da tristeza:** Emoção produzida pela interpretação. "É uma pena"; sinal para aceitação.

**Força da vergonha:** Emoção gerada pela interpretação "Eu estou errado"; sinal de mudança.

**Força do medo:** Emoção gerada pela interpretação "Isto é terrível"; prenúncio ao desconhecido.

**Interpretação:** Declaração pessoal sobre uma situação; pensamento que desencadeia a produção de uma determinada força emocional.

**Observar:** Seguir o que acontece sem sentir; protocolo para não se envolver emocionalmente; inventário; prescrutar.

**Percepção direcionada:** Um dos dois modos do sentir; diferente da percepção geral por focar em uma área específica; ajuda no entendimento.

**Percepção geral:** Um dos dois modos de sentir; difere da percepção direcionada, pois aqui a atenção é dada igualmente a todos os estímulos; serve para sentir a totalidade.

**Programação biológica**: Sentimento baseado no instinto; por exemplo: excitação sexual, fome, sede, inveja, ciúme, desejo, agressão etc.

**Posição**: Definição de quem somos em determinado momento; definida pela soma de nossas interpretações (ver também *Interpretação*).

**Relação**: Ligação entre dois pontos ou posições, podendo ser pessoas, objetos, situações, circunstâncias, ocorrências, pensamentos, sentimentos, atitudes ou palavras.

**Sensação**: Estímulo percebido conscientemente.

**Sensação física**: Percepção sensorial percebida de forma consciente, principalmente o sentido tátil.

**Sentimento**: Emoção reprimida.

**Sentir**: Uso da atenção sem desvio por meio do pensamento; pode ser dirigida ou geral (ver também *Percepção Dirigida* e *Percepção Geral*)

**Sofrimento**: Sentimos através de certezas absolutas; se diferencia da dor por não ser desencadeado por eventos externos, mas, sim, criado internamente (ver também *Certeza Absoluta* e *Dor*).

**Terrível**: Interpretação subjacente básica da força do medo.

**Tristeza**: Emoção que indica que algo é diferente do que desejamos ou do que é certo para nós (ver também *Sofrimento*)."

# Índice de Exercícios

Exercício 1 – Gerar emoções conscientemente     34

Exercício 2 – Crie alegria conscientemente     62

Exercício 3 – Identificar a interpretação     72

Exercício 4 – Reconhecer as cargas emocionais e conhecê-las     92

Exercício 5 – Reconhecer uma certeza absoluta     119

Exercício 6 – Reconhecer as estratégias de evasão     130

Exercício 7 – Tempo para sentir     140

Exercício 8 – Percepção geral e focada     143

Exercício 9 – Livrar-se das estratégias de evasão     146

Exercício 10 – Aprender a descarregar conscientemente     153

Exercício 11 – Reconhecer a emoção     161

Exercício 12 – Da certeza absoluta à expressão da necessidade     167

# Fontes Bibliográficas

Berns, Gregory: Satisfaction – Warum nur Neues uns glücklich macht, Editora Campus (Verlag), Frankfurt, 2006.

Reuters/abc news, 2004

Klein, Stefan: Die Glücksformel oder wie die guten Gefühle entstehen, Editora Rowohlt Taschenbuch, Reinbeck bei Hamburg,2003, Pág. 46.

Elkin, I.; Shea, M.T.; Watkins, J.T. et al. (1989): National Institute of Mental Health Treatment of Depression Collaborative Research Program – General effectiveness of treatments, Archives of General Psychiatry, 46, Pág. 971–982.

Grolle, Johann: SPIEGEL-GESPRÄCH mit Antonio Damasio, "Auch Schnecken haben Emotionen", Der Spiegel, Ausgabe 49 vom 01.12.2003, Pág. 200.

Moyers, Bill: Healing and the Mind, Doubleday, New York, 1993, Pág. 62.

Tilghman, Andrew: "Encountering Steven Green", Washington Post, 30.07.2006; Pág. B01.

Greco, Eckert und Kroenke: "The Outcome of Physical Symptoms with Treatment of Depression", Journal of General Internal Medicine, Volume 19, August 2004, Pág. 813–818.

Fromm, Erich: Die Kunst des Liebens, Editora Ullstein, Frankfurt, 1977.

# Agradecimentos

Me parece quase impossível nomear todas as pessoas que tornaram este livro possível.

Primeiramente, gostaria de agradecer aos meus pais que me disseram quando criança que todas as emoções são importantes, ainda que não tenham me explicado o por quê.

Gostaria de agradecer aos numerosos participantes dos seminários, estagiários e assistentes que, através de sua confiança em mim, abriram novas portas para o conhecimento. As suas perguntas deram origem a este livro.

Eu gostaria de agradecer especialmente a Chiara Jana Greber. Foi através de seu feedback claro e sincero que o manual tornou-se o que ele é hoje. Obrigado também pelo incentivo para a publicação da nova edição e pela generosidade com que você contribuiu com seu tempo e conhecimento.

Um agradecimento muito grande a todos os leitores do manuscrito. Gostaria de fazer uma menção especial a Anette Bley, Senta Thomas e Jheel Jonen, e, para a nova edição também, Christina Julius e Lydia Grossgasteiger. Gostaria de agradecer a Thomas Littau pelas numerosas sugestões de melhoria que foram incorporadas à nova edição.

Agradeço a meu parceiro Christian por sua paciência, apoio e incentivo.

À minha amiga Maja, obrigada pelo maravilhoso projeto gráfico do livro original.

Agradeço a meus filhos por tudo o que me foi permitido aprender e o que aprendo através de vocês. É tão bom acompanhá-los e vê-los crescer.

Agradeço a minha mãe pelo seu amor infinito por mim e por meus filhos.

Obrigada.